育つ幼児たち
子と親の関係を見直す

高橋惠子
柴田玲子
山川賀世子

金子書房

はじめに

　幼児は育つ力をもち，どう発達するかを自分で決めている——これが，本書が子育てに携わるすべての人々，とりわけ，親，保育者，そして，子どもの行政に携わる人々に伝えたいメッセージです。日本の子育てについて考え直してみようという提案です。

　2021 年，若者たちが使う「親ガチャ」が流行語として話題になりました。カプセル玩具の"ガチャ・マシン"から出てくるカプセルになぞらえて「親ガチャ」という言葉が生まれました。あるいは，ソーシャルゲームの"ガチャ"を考える人もあるでしょう。自分では選べない"ガチャ"の中身によって，人生が決められてしまうことをシニカルに表現したものです。一度まわすと飛び出してくる「親ガチャ」の内容とは，遺伝的な特徴，親の経済資本や文化資本，発達観・教育観などをさすのでしょう。この"ガチャ"の中身で，子どもの人生は決まってしまうといっているわけです。投げやりで悲観的な人生観にもみえますが，これは子どもの発達を「親の自己責任」だとする，日本社会の仕組みや日本人の通念と似た発想だといえましょう。「親の自己責任説」をとる政策では，「親ガチャ」の事実を傍観し，よほど困窮している子どもにはほんのわずかな現金を配ろうというような，"施"の域を出ません。これでは，若者は人生に希望がもてないでしょう。

　本書では，子どもの発達を「親ガチャ」だとするのはどこが間違いであるかを，もっとも親の役割が大きいと考えられてきた幼児期の子どもについて検討します。子どもはどのように発達するのか，親の果たせる役割は何か，そして，社会は子どもの育ちをどのように支えなくてはならないのか——これらを明らかにしたいと，私たちが計画・実施した幼児たちの発達を追跡した研究について報告します。

　発達の主人公である子どもの声を直に聴くために，子ども自身が質問に答えられるようになる 3 歳半から研究を始めました。そして，幼児期が終了し確かに児童期に入るであろう 8 歳までと期間を決めて発達を追跡しました。子ども（本書のために分析したのは 65 人）とその両親に，3 歳半から 8 歳まで継続し

i

て調査に協力してもらいました。これが縦断研究と呼ぶ方法です。この方法では同じ調査協力者を追跡しますので，時間の経過にともなう変化の有無を，すなわち，発達を，とらえることができます。この縦断研究では面接による調査，実験的に設けた場面での行動の観察，そして，数種の心理学の測定を，必要な時期に実施しました。本書ではこうして集めることができた発達心理学のデータを紹介します。本書が，育つ幼児たちについて考える一助になればうれしいかぎりです。

著　者

目　　次

はじめに　i

序章　子どもの発達と「親の自己責任説」──この問題をどう解くか　1
1. 何が，問題か　1
2. この縦断研究の特色　2
3. 研究の計画　6
4. 本書の構成　12

1章　人はなぜ人とつながるのか　15
1. 人とつながる理由　15
2. 大切な人々とのつながり──三つの円による測定　18
3. つながりの内容をとらえる──「愛情のネットワーク」　20
4. 「愛情のネットワーク」の測定　24
5. 子どもの「愛情のネットワーク」の測定　29
6. まとめ　34

2章　人と人がつながる仕組み──「愛情のネットワーク」の内容　37
1. 複数の重要な人とつながる　37
2. 重要な人々とのそれぞれのつながり　41
3. 「愛情のネットワーク」の6年間の軌跡　47
4. まとめ　50

3章　幼児の心の発達　53
1. 発達を測定する　53
2. 社会・情動的発達　55
3. 認知的発達　63
4. まとめ　69

4章　幼児が生活する環境と親のケア　75

1. 幼児の生活環境　75
2. 親のケアの性質　79
3. 親の心身の健康と子どもについての認識　91
4. まとめ　92

5章　「愛情のネットワーク」に個人差が生まれる理由　97

1. 重要な人の選択と子どもの発達　98
2. 愛情要求の対象の選択と生活環境　104
3. 愛情要求の対象の選択と親のケア　107
4. まとめ　116

6章　母親，父親，そして，子どもの「愛情のネットワーク」　119

1. 母親と父親の「愛情のネットワーク」　120
2. 母親と父親，親と子の「愛情のネットワーク」の関連　125
3. 子どもの「愛情のネットワーク」についての両親の認識　127
4. まとめ　131

終章　幼児の発達の理解，そして，その先へ　133

1. 幼児の人間関係の真実　134
2. 幼児の発達の重要な性質　140
3. 「親の自己責任説」をどう超えるか　146

おわりに　151
索引　153

装画　高山千草
装丁　中濱健治

序章

子どもの発達と「親の自己責任説」
——この問題をどう解くか

　乳幼児期には，母子関係がとくに注目されています。子どもの順調な発達は母親による世話やしつけ，つまり，母親の養育行動にかかっている，親に責任があるという根強い信念が，社会に浸透しています。とくに日本では，この信念が社会の仕組み，とりわけ政策・制度，学校教育などによって，強化され続けています（本田・伊藤，2017）。多くの国々では，この誤った信念を取りのぞこうと粘り強い努力が続けられているのに対して，日本では，子どもの養育の場は家庭であるとして，子どもについての親の責任が強調されています。時には，「自己責任」という表現すら使われます。自己責任とは「自分でしたことは自分で始末しなさい」という意味です（暉峻，2024, pp. 251-252）。

　2023 年 4 月に「こども家庭庁」が発足しました。"こども庁" という名称から始まったアイデアであったにもかかわらず，最後に "家庭" がつけ加えられてしまいました（山田，2023）。これに失望した人は少なくないはずです。そして，新法の『こども基本法』（2023 年 4 月 1 日施行）には，「子どもの養育は家庭が基本である」「父母その他の保護者に養育の第一義的責任がある」と明記されています（第三条五）。このような，親に子どもの養育の責任を押しつける政策は，市民を，母親を，そして，とりわけ若い人々を束縛しています。

1. 何が，問題か

　本書は，子どもにとって「親の真の役割は何か」を，科学的なデータにもと

づいて検討することによって，親子関係，とくに，母子関係の考え方の修正を提案しようとするものです。本書では発達心理学の理論や方法を用いた縦断研究（同じ調査対象を継続して調査する方法。本章で後述）の結果を紹介します。この研究では，主に，次の三つの問題を検討し，子と親の関係を考え直してみることにしました。

　問題1．子どもは自分の存在の安全・安心を確実にするために，自分にとって重要な複数の人々を選んでつくった人間関係を頭の中にもっている。そして，子どもは自分が選んだ重要な複数の人々から影響を受け，また，影響を与えもする。母親はその重要な人々のひとりとして選ばれることもあり，選ばれないこともある。選ぶのは子ども自身だからである。
　問題2．子どもは頭の中にある自分の人間関係を時間の経過や成長につれて変化させる。すなわち，自分が人間関係の相手として選んだ人の評価を変えたり，誰かを除いたり，新たな人を加えたりもする。親子関係も子どもの成長につれて吟味され続けるはずである。
　問題3．子どもの頭の中の人間関係の変化には，子ども自身の発達と子どもの意思，そして，生活の場，親の養育態度・行動などの環境要因が，すべて関連しているはずである。つまり，親の子どもへの養育行動はたくさんの環境要因の一部である。

　本書が紹介するのは，主として，幼児の頭の中につくられる人間関係の内容とそれが子どもの発達において果たす役割をみるために，私たちが計画・実施した縦断研究のデータです。この縦断研究は，子ども本人から言葉で回答が得られるようになる3.5歳に開始し，幼児期を経てそれが終了するまで（小学校生活になじむであろう2年生の二学期まで），あしかけ6年，同じ子どもたちと両親から資料をもらって発達を追跡したものです。

2．この縦断研究の特色

　この縦断研究には，以下のような三つの特色があります。

序章　子どもの発達と「親の自己責任説」——この問題をどう解くか

特色 1.　幼児がもつ複数の人々との関係をとらえる

子どもが好きな人　幼児に「一番好きな人は誰ですか」と尋ねてみると，すべての子どもが母親をあげるわけではありません。「おばあちゃん」「お父さん」「お兄ちゃん」などと答える子どもがいます。そして，母親が主に世話をしていても，「ママは嫌い」という子どももいます。幼児は家族，親戚，友だち，保育者，近所の人々など，多くの人々と接しながら生活しています。大勢の人といろいろなつきあいをしていますので，すべての子どもが母親をもっとも好むとはかぎりません。本書で後に詳しく述べるように，子どもの気持ちはそれぞれです。しかし，この事実はこれまであまり注目されてきませんでした。

たとえば，愛着（とても困った時に特定の人に助けを求めて安全・安心を確保したいと望む，ヒトが生き延びるために生まれながらにもつ性質。詳しくは，3 章の 2 を参照）の研究では，愛着の対象が母親であることを前提に測定法がつくられています。この母と子が参加する測定法によって「不安定な愛着」であると判定された子どもの中には，「おばあちゃん子」や「お父さん子」が紛れている可能性があります。これらの子どもは，愛着の対象が母親ではないために，母親が同席していても測定場面が実験的に引き起こすストレスに耐えられずに，混乱してしまうのです。愛着の測定では，「子どもの愛着の対象が母親ではないかもしれない」という事実が見過ごされています。愛着の主な対象が祖母や父親であっても，愛着を向ける人がいれば問題はありません。

しかし，「おばあちゃん子」や「お父さん子」は，母親を愛着の対象とする子どもとは，母親から受ける影響が異なります。子どもは，好きな人のようになりたいと願いますので，母親の影響の内容や程度は，それぞれの子どもの母親への気持ちによって違うことになります。

子どもの多様な人間関係　幼児は多くの人々が暮らす社会の一員ですから，それぞれの子どもがつきあうさまざまな人々の中に，母親も存在していることになります。したがって，子どもの人間関係の中で母親がどのような位置におかれているかを知らずには，その子どもが母親から何をどう受け取るかを正確には把握できないと考える必要があります。母子という二者関係だけを取り上げて，母親の子どもへの影響を説明することはできないというわけです。

3

特色2. 幼児が生活する環境をとらえる

　子どもの環境の生態学　モスクワに生まれ，その後，米国に渡って研究を続けた心理学者のブロンフェンブレナーは，『二つの世界の子どもたち──アメリカとソ連のしつけと教育』（ブロンフェンブレナー，1970 長島訳 1971）を著して，大きく異なる二つの社会での子どもの育ちを実証的にとらえ，子どもの発達は子どもが暮らす社会全体の把握なくしては理解できないとしました（長島，1972）。そして，ブロンフェンブレナーは子どもが生涯にわたって生活する環境を整理して生物・生態学的モデルを提案しました（Bronfenbrenner, 1979; Bronfenbrenner & Morris, 2006）。それを図で示したのが，図序-1 です。

　図の中央に立つのが発達していく子どもです。子どもは遺伝子に代表されるような生物学的性質をもって生まれます。そして，さまざまな環境（人々のつくる集団や社会，そして，自然や人工物である物）に影響され，あるいは，環境を自ら選んで働きかけ交渉を続けて，発達します。

　もっとも内側のマイクロシステムは子どもが実際に参加する集団で，ここでは，家庭，学校，教会，近隣社会が例としてあげられています。次のメゾシステムは，これらの集団の間の関係を示しています。同じ事柄についてのルールが家庭と仲間集団では似ていて，家庭と学校では異なるなどという集団間の関係を指しています。その外側のエクソシステムは，たとえば，マスメディア，親の職場，地方行政などで，これらには子どもは直接には参加することはほとんどありませんが，それでも多くの影響を受けるとしました。もっとも外側のマクロシステムは全体を包んでいる文化，習慣などをあらわしています。たとえば，子どもが日本語を使っていること，さまざまな生活上の習慣にしたがっていることなどを考えれば，影響は決して小さくはありません。この四重のシステムが子どもを取り巻いているとしました。四つは入れ子構造になっていると説明されています。この構造は，ロシアの民芸品のマトリョーシカからヒントを得たのかもしれません。

　そして，最後に，クロノシステムを加え，時間の経過のなかで起こる社会的事象に影響を受けるとしました。子どもはこの変化を，たとえば，ライフイベント（個人にとっての重要な生活上のできごと）として体験するであろうというわけです。災害やウイルス禍，あるいは，内戦・侵攻などを考えると，社会

序章　子どもの発達と「親の自己責任説」——この問題をどう解くか

のできごとが四重のシステムのいずれか、あるいは、全体を揺るがし、子どもに影響を与えるであろうことは、十分に理解できるでしょう。

子どもの生活環境　ブロンフェンブレナーの環境と子どもとの交渉のモデルは、子どもが発達する環境とはどのようなものであるかを示しています。これをみると、子どもにとっての親は、あるいは、家庭は、子どもを取り巻く多くの影響要因の一つにしかすぎないことがよくわかるでしょう。

しかし、実証研究でこのような生態学的な環境をすべて調べるのはやさしいことではありません。私たちの縦断研究では、子どもの生活環境について、次の3点を考慮することにしました。(1)子どもが経験するかもしれないライフ

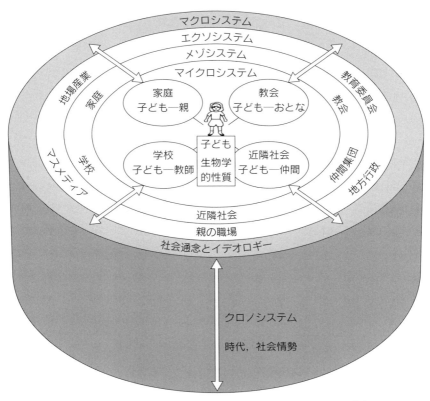

図序-1　ブロンフェンブレナーの生物・生態学的モデル[注1)]

イベントの調査を繰り返し行うことで生活環境の変化を把握すること，(2) 子どもと母親に加えて，父親からも直接資料をもらうこと，そして，(3) まわりの親しい人々との関係についての子どもの気持ち，とくに，友だちとの関係についても調査することです。

特色 3. 縦断的に発達を追跡する

発達を追跡する方法　発達とは時間の経過にともなう変化のことをいいます。この変化の様子を知るためには，それぞれの子どもが時間の経過につれてどのように変わるか（あるいは，変わらないか）を追跡することが必要です。この同じ人に，ある程度の時間をあけて，調査や実験を繰り返し実施して，変化の有無をみる方法を縦断研究法といいます。縦断研究法は，発達による変化を知る最良の方法として，発達心理学の研究法のなかでも貴重だとされています (Kagan & Moss, 1962; 三宅・高橋，2009)。

縦断研究のコスト　発達を調べる縦断研究では，数年間，時には，数十年にわたって同じ人々の調査を続けることになります。そのために，縦断研究の実施にはいくつもの困難がともないます。まず何よりも難しいことは，長期間にわたる調査の協力者が必要で，しかも，できれば多数の協力者が必要であることです。調査協力者からすれば，数年にわたってデータを提供するのは煩わしいことですから，そのような調査につきあう寛大な気持ちをもつ協力者が得られることは，きわめて稀なことです。そして，縦断研究を実施する側には，長期にわたって調査を続ける研究者と研究費の準備が必要ですし，結果を得るまでに時間がかかるというコストも考えておく必要があります。これらの条件を可能なかぎり整えて実施したのが，本書で紹介する縦断研究です。

3. 研究の計画

調査協力者について

協力者の募集　1998 〜 2001 年のそれぞれの年の三月に，東京都区部にある西洋音楽の私塾[注2]に通っている 3.5 歳未満の子どもの両親に，縦断研究の内容（子どもが 3.5 歳から小学 2 年生まで原則として年 1 回，計 6 回の面接による

調査，行動観察のための心理実験，郵送調査などを予定していること，途中で参加をやめることがあってもよいこと，結果の発表においては個人情報に配慮すること）について文書で説明し，協力者（子どもと両親）を募集しました。協力者の募集が4年にわたっているのは，調査を実施する研究者側の稼働力を考慮したものです。こうして調査協力の同意が得られたのは，計94人の3歳児（うち女児45人）とその両親でした。

分析したデータ　本書のために資料を分析した協力者は，3.5歳時の人間関係の調査資料が完全にそろっていて，さらに，その後の全5回の調査のうち3回以上の対面調査が実施できた65人（うち女児34人）に限定しました。本書では，この65人の資料はグループ全体の傾向を示すデータとして使用します。そして，さらに詳しい分析については，本書の出版を計画した2020年の時点で，親子と連絡がとれ，子ども本人と親の双方から詳しい分析とそのデータを本書で述べることについて承諾が得られた43人（うち女性28人）のデータを用いることにします。ただし，この43人の分析や記述においても，個人が特定されることがないように細心の注意をはらっていることはいうまでもありません。

調査協力者の両親　調査開始時の母親の平均年齢は35.4歳，父親は37.7歳でした。最終学歴は，四年制大学以上の卒業者が母親では53%，父親では89%でした。日本のこの世代の大学進学率は調査した2000年時点で40%であったことからみると，両親とも高学歴であるといえます。

職業についてみると，調査開始時に母親の77%は専業主婦で，フルタイムの有職者が9%，家業やパートタイムの仕事をしている人が14%でした。そして，職業をもつ母親を含めて，すべての母親が自分は「主な養育者である」と報告しました。子どもが8歳時点では，専業主婦である母親は63%に減少しましたが，2000年の日本の専業主婦率は48%であり，調査協力者では専業主婦率が高いといえます。一方，父親の職業は，企業の管理職が29%，専門職（薬剤師など）が18%，自由業（医師，弁護士など）が14%などでした。当時，同じ世代である35～44歳の男性の管理職の割合は2%でしたので，調査協力者では管理職につく割合が高いことが特徴だといえます。

協力家庭の経済状態　調査協力者の家庭の社会階層を知るために，「あなた

の家庭の現在の経済状態は日本全体のなかではどの程度だと思いますか」と尋ね，「非常に豊か」から「非常に貧しい」の7段階で母親に回答を求めました。その結果，「まあ豊か」と答えた人が43.9%，「普通」と答えた人が42.1%で，86%が普通かそれ以上の経済状態であると報告したことになりました。

　以上のように，本研究の調査協力者の家庭は，親の学歴，職業，そして，経済状態からみて，中間の社会階層（中の中，あるいは，中の上）に属しているといえます。

　両親の価値観　本書で検討する母親と父親の回答には，彼らが属する社会階層の価値観が反映されていることは当然で，これに留意しながら結果を考える必要があります。研究協力者である両親の社会階層をさらに特定するために，子どもの将来に何を望むかについて，調査の最終時点の子どもが8歳の時に，母親と父親にそれぞれ尋ねることにしました。その結果が，**図序-2**です。社会階層を反映するとされてきた項目を示して，「子どもの将来に望む」項目をいくつでも選んでもらうという調査です。

　まず，子どもに「四年制の大学を出てほしい」と希望する割合（母親は76%，父親は66%）は，この調査を実施した2008年の日本人全体の結果に比べると，女児について望む割合が高いことが特徴でした。この年には四年制の大学を卒業してほしいと希望する親の割合が女児については50%であったと報告されています（NHK放送文化研究所，2020）。次に将来の家庭生活についてみると，「結婚してほしい」「子どもをもってほしい」という項目を選択した両親は61〜77%でした。日本では「結婚しなくてもよい」「子どもをもたなくてもよい」という回答が年々増える傾向があり，2008年には前者は60%，後者が48%だと報告されています（NHK放送文化研究所，2020）。本研究では，「幸せな家庭人であってほしい」という項目を母親の63%，父親の66%が選択し，家庭・家族についてはやや保守的であることがわかります。さらに，この保守性をうかがわせるのは，「穏やかな人づきあい」を願い（55〜58%），「摩擦がおきても，自分の生き方を貫いてほしい」（18%）とは思わないという回答においてです。しかし，「親を頼ってほしい」とは思わず，「自分の考えで行動」し，また，「社会のことを考えるおとなであってほしい」と進歩的な考えも表明しています。回答には子どもの性別による差が小さく，と

序章　子どもの発達と「親の自己責任説」——この問題をどう解くか

くに，母親の回答には子どもの性による違いがまったくみられませんでした。これに対して父親では，「たとえ周囲と摩擦がおきても，自分の生き方を貫いてほしい」と「自分で考えて行動する大人であってほしい」の2項目で，子どもが男児の場合にやや多く選ぶという差がみられました。このような結果から，調査協力者の両親は，やや保守的で穏健な中間階層の価値観をもつといえましょう。

　日本には，親子関係や家族を重視する文化があります。子どもを取り巻くおとな（親，保育者，教師など）は，その文化を家庭生活の中で，また，保育や教育の中で，伝えているはずです。そして，テレビ番組，アニメ，絵本などもこの文化を具体的に描写しているはずです。このような文化の傘の下で，子どもは自分の能力や好み，そして，生活環境に応じて，それぞれ自分らしく発達していくのだといえます。

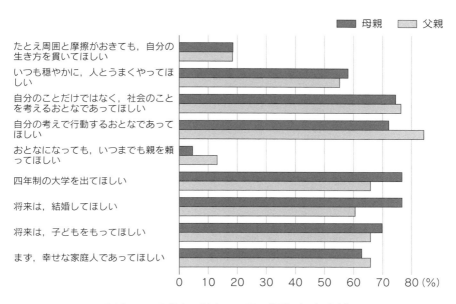

図序-2　子どもの将来への親の期待（8歳時点）

縦断研究の実施計画

　私たちの縦断研究の全体のスケジュールのうち，本書で紹介する調査と時期を図序-3に示しました。3.5歳から8歳まで，原則年に1回，計6回，子どもと母親に研究室（子どもが通っている音楽教室の建物内に設けた一室）に足を運んでもらい，2, 3人の調査者[注3]が測定，面接などにあたりました。1回の調査は最大60分を目途に行いました。

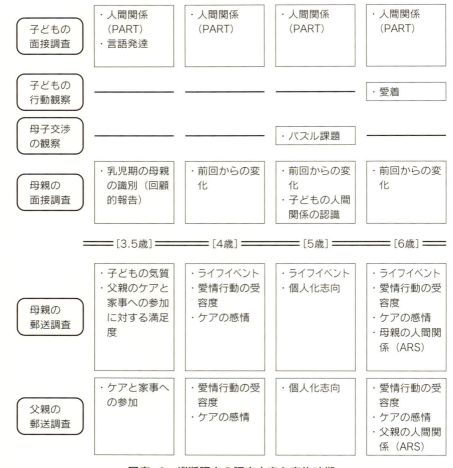

図序-3　縦断研究の調査内容と実施時期

序章 子どもの発達と「親の自己責任説」——この問題をどう解くか

　調査は，図序-3に見るように，子どもの人間関係の測定を毎回実施し，加えて，生活環境とライフイベントの調査も毎回行いました。その他の子どもの調査・測定（社会・情動的発達，認知発達，幼稚園や学校での生活）と親の調査・測定（父親の育児参加，両親の養育態度・行動，両親の関係，両親それぞれの人間関係）は，時期を考慮しながら適宜実施しました。希望されて父親が面接調査に参加する事例がありましたが，原則として，父親の調査は郵送で行

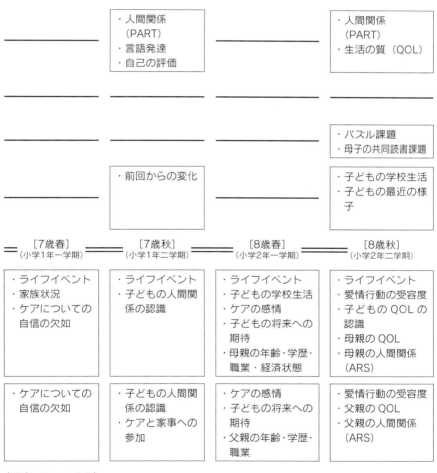

（図序-3　つづき）

表序-1　調査時の子どもの月齢

調査	調査時の平均月齢(SD)	月齢の幅
3.5 歳調査	43.86(1.41)	42〜47
4 歳調査	51.71(1.84)	50〜60
5 歳調査	61.40(1.91)	59〜67
6 歳調査	74.31(1.78)	72〜79
7 歳(小学 1 年生)調査	86.47(3.57)	80〜93
8 歳(小学 2 年生)調査	99.33(3.78)	92〜106

いました。また，母親の調査でも，対面調査ではないほうがよいと判断した内容については，調査票を手渡しあるいは郵送して，回答はすべて郵送で得ることにしました。そして，5歳と8歳の時点では，実験場面を設定して，そこでの母子の行動を観察しました。

　3.5歳，4歳，5歳，6歳のそれぞれの時点での調査は，個々の子どもの誕生日以後の半年以内に実施し，そして，小学校入学後はいずれも一学期には両親への郵送調査，二学期には子どもと母親の対面調査と両親への郵送調査を行いました。各調査時の子どもの月齢は表序-1のとおりです。

4. 本書の構成

　本書は，序章から終章までの計8章で構成されています。

　1章 人はなぜ人とつながるのか　人とのつながりとは何であるか，人はなぜ，どのように複数の重要な人とつながるのかについての考え方を紹介します。続いて，人間関係を実証的にとらえるために工夫した測定法について述べます。

　2章 人と人がつながる仕組み――「愛情のネットワーク」の内容　開発した測定法を用いて，複数の人々からなる幼児の人間関係の内容，そして，発達にともなう変容についての調査結果を述べます。

　3章 幼児の心の発達　人間関係の発達の観点から，興味深い結果を示している既存の測度，そして，新たに開発した測度や行動観察によって，子どもの発達の様子を明らかにします。

4章 幼児が生活する環境と親のケア　人間関係の発達の観点から見て重要だと考えられる，両親の子どもへの養育態度・行動を含めて環境要因について測定した結果を述べます。なお，本研究では，"親の子どもへの養育態度・行動"を「ケア（care）」と表現することにします。

5章「愛情のネットワーク」に個人差が生まれる理由　子どもの人間関係の個人差がなぜ生まれるのかが，3章で明らかにした子どもの発達と，4章でみた生活環境と親のケアによって，どの程度説明できるかを分析します。

6章 母親，父親，そして，子どもの「愛情のネットワーク」　両親それぞれが報告した人間関係の内容と，子どもが報告した人間関係の内容との，関連をみてみます。母と父，そして，母と父と子どもとが，互いにそれぞれの人間関係の中に相手をどのように位置づけているか，どのような関連があるかを検討します。

終章 幼児の発達の理解，そして，その先へ　1章から6章までの結果をもとに，子どもの発達の特徴を理解し，子どもの政策についてどう考えるか，「親の自己責任説」をどう乗り超えるかを考えます。

注1）　ブロンフェンブレナーが生態学的モデルを明確に提案したのは1979年の著書によってであった。そして，21世紀に入って心理学界においてもヒトの生物学的性質についての関心が高まると，それを反映させて2006年の論文（Bronfenbrenner & Morris, 2006）では人間にとっての生物学的な性質について論じ，生物・生態学的モデルと改称した。そして，これが2006年の論文が世に出た前年に逝去した彼の最晩年の仕事になった。図序-1 は，これらの記述をもとに，筆者（高橋）が作図したものである。なお，調べたかぎりではブロンフェンブレナー自身は彼のモデルを図で表わしたことはないようであるが，多くの研究者がそれぞれに彼の説を理解して描いているために，細部の異なる図が多数みられる。

注2）　この縦断研究の調査協力者は，東京都区部にある私立の音楽教室（一音会ミュージックスクール）に通っていた子どもと両親の中から，調査の趣旨を理解し応募された方々である。

注3）　調査と実験は本書の著者3人が主として行い，補助者として心理学を専攻す

る女性の大学院生と卒業生の協力を得た。

引用文献

ブロンフェンブレナー，U.（1970）．長島貞夫（訳）（1971）．二つの世界の子どもたち──アメリカとソ連のしつけと教育　金子書房

Bronfenbrenner, U.（1979）. *Ecology of human development: Experiments by nature and design.* Harvard University Press.

Bronfenbrenner, U., & Morris, E. A.（2006）. The bioecological model of human development. In R. M. Lerner（Ed.）, *Handbook of child psychology, 6th edition, Vol.1*（pp. 793-828）. Wiley.

本田由紀・伊藤公雄（2017）．国家がなぜ家族に干渉するのか──法案・政策の背後にあるもの　青弓社

Kagan, J., & Moss, H. A.（1962）. *Birth to maturity: A study in psychological development.* Wiley.

三宅和夫・高橋惠子（編著）（2009）．縦断研究の挑戦──発達を理解するために　金子書房

長島貞夫（1972）．特別論文 しつけにおける二つの世界　児童心理学の進歩, *11*, 259-290.

NHK放送文化研究所（2020）．現代日本人の意識構造 第9版　NHKブックス

暉峻淑子（2024）．承認をひらく──新・人権宣言　岩波書店

山田太郎（2023）．こども庁──「こども家庭庁創設」という波乱の舞台裏　星海社

1 章

人はなぜ人とつながるのか

　他人に助けられたり，喜びを分かちあったり，他人を心配したりするというように，さまざまな方法でほかの人とつながろうとするのは，人間に特有の性質であり，そして，もっとも重要な性質のひとつだといってよいでしょう。他人とつながると，多くの人は安心や喜びを感じるでしょう。他人とつながることは人間に幸福をもたらし，安寧を支える基盤であるといってよいでしょう。したがって，人間関係のつまずきは，人生を変え，時には争いを引き起こし世間を震撼させるような状態を生むことすらあります。

　本章では，他人とつながる人間関係とはどのようなものかを検討し，それにもとづいて，人間関係を実証的にとらえる測定法を提案します。本章で述べる人間関係の考え方とそれにもとづく測定法が，私たちの縦断研究を特徴づける資料を提供するものになります。

1. 人とつながる理由

生き延びるための遺伝子と知恵

　生き延びたホモ・サピエンス　現在の人類の先祖であるホモ・サピエンスは，今からおよそ 20 万年前に東アフリカの森林を出て草原に住み始めたとされています。何らかの事情で森林の果実が減ったためだと考えられています。しかし，草原にはヒトが身を隠せるような場所が少ないために，大型の野生動物の餌食になりかねません。この草原で生き延びるために，ヒトは互いに助け

15

あい，集団をつくって生活したとされています。その証拠が遺跡や遺物などに残されています。

　つまり，人類は生き延びるために，互いにつながるための遺伝子と，それを実行するための生活上の知恵（たとえば，集まって暮らす，労働の仕方や産物の分配のルールを決める，生産や生活に便利な道具を工夫する，などの生活習慣・規則と道具を発明する知恵），つまり，「ヒトとつながるための生物学的な性質」と「ヒトとつながりやすくなる知恵」とを，進化させてきたと考えられています。したがって，私たち現代人も，他人とつながるための生物学的遺産と知恵とを受け継いでいます。近年，人類学者，霊長類学者，生物学者，進化学者，脳科学者，そして，心理学者などは，この他人とつながるという生物学的性質と知恵とに注目して研究を深め，たしかにこれはヒトという種に特有な性質であると認めています（長谷川，2023; Tomacello, 2009 松井・岩田訳 2013）。

　人とのつながりの始まりと発達　乳児は社会の中で誕生し，生後すぐからもって生まれた人とつながるための生物学的性質を使って，周囲の環境の中から，迷うことなく人を見分け，注目し，そして，応答してもらうことを期待します。不都合なこと（たとえば，空腹などの生理的な要求がある，ひとりにされて不安であるなど）が起こると，乳児はぐずったり，泣いたりして訴えます。そして，このように人に助けを求め，つながろうとする乳児に対して，まわりの人は，かわいいとか，助けなくてはかわいそうだなどと感じて応じることで，両者の間につながりが始まります。初めは，応じてくれる人なら誰でもよいのです。

　生後2か月もすると乳児は人に向けて笑顔を見せ，まわりの人々とつながろうとします。動作，表情，そしてやがては発声や言葉をも動員して，1歳頃からは人と人の間の区別がつき，もっとも好きな頼りにする人も決まって，人とのやりとりは活発になります。こうして，誕生後間もなくから，乳児はいろいろな人々とのやりとりを始め，そして，やりとりの相手や交渉の内容を増やしていきます。この人とつながる関係は生涯続きます。自分が満足できるような，納得できるような他人との関係をつくることで，人は安定した気持ちで生活することができます。これは社会の安定と発展にとっても，きわめて重要だ

といえましょう。

誰とどのようにつながるか

対人行動のトラブル　子どもの人とのつながりがうまくいかないという親の心配が，育児や発達の相談室に多数寄せられます。たとえば，「甘えん坊で困る」「母親から離れない」などと母親への過度の密着を問題視する事例があれば，「お父さん子である」「ママが嫌いだという」などの逆の悩みもあります。そしてさらに，「友だちとうまく遊べない」「幼稚園に通うのをいやがる」などと，子ども仲間や集団とのかかわり方についての悩みもあります。

　これらの問題を理解し解決するためには，それぞれの子どもが誰とどのようにつながっているのかを知ることが必要です。たとえば，ある子どもが母親の後を追うのはなぜか，あるいは逆に，母親に少しも懐かないのはなぜか，というような対人行動を理解するには，その子どもがもっている人々とのつながりの内容の全体を見なければなりません。単に，母子関係だけを見ても回答は得られません。母子関係は子どもがもっている関係の一部にすぎないからです。

つながりの全容　子どもの人々とのつながりの全容は，子どもの頭の中にあると考える必要があります。それは，人間は1歳半くらいから，さまざまな事柄を頭の中で思い浮かべたり，記憶したりする「表象」と呼ぶ能力が使えるようになるからです。したがって，子どもが見せる対人行動だけから，子どもの他人への気持ちを理解するのでは不十分です。幼児は頭の中に自分とつながっている人々との関係の「表象」をもっていて，それをもとに事態を判断し，その結果を対人行動として表現します。そのため，ある子どもがなぜそのような対人行動を見せるのかを理解するためには，その子どもが頭の中にもっている，人々とのつながり全体に関する「表象」の内容を知ることが必要になります。

　この頭の中にある人々とのつながりの全容を，人間関係についての「枠組み」であると考えるとよいでしょう。それがどのようなものかを理解するために，あなたの頭の中にある「枠組み」を調べてみましょう。

2. 大切な人々とのつながり──三つの円による測定

あなたにとって大切な人々

　重要な人々とのつながりの実態　図1-1はそれぞれの人にとっての「サポートをしてくれるという点で重要な親しい人間関係」を調べるために，米国の心理学者アントヌッチら（Antonucci, 1976; Kahn & Antonucci, 1980 遠藤訳 1993）が提案したものです。この図版は世界の多くの国で使われ，親しい人間関係を知る有効な方法であるとされています。この方法を使って，あなたの人々とのつながりの内容を検討してみましょう。

　円の中央にあなたがいるとします。そして，もっとも内側の円に，あなたにとってもっとも大切な人，その人のいない生活は考えられないほど重要だと感じている人を何人でもあげてください。そして次の二番目の円には，親しさの程度はやや減ってもなお重要な人々を，さらに三番目の円には親しさの程度はさらに減るものの重要な人々を，それぞれ何人でもあげてください。そして，三番目の円までの指名が終わったら，あなたがあげたそれぞれの人が，どのような人か，いつからの知り合いか，どういう理由で大切か，つまり，その人があなたにとってもつ価値とは何かを書き出してみましょう。その人はあなたにとって「心の支えである」「相談するとヒントをくれる」，あるいは，「話をすると楽しい」「一緒に買い物に行ってもらうと助かる」などと，その人があなたにとってどのように大切かが区別できることでしょう。

　こうして書き出されたものが，三つの円の方法でとらえたあなたの親しい人々とのつながりの内容，「枠組み」だといってよいでしょう。

　重要な人は複数である　あなたが三つの円のそれぞれであげた人は何人いるでしょう。三つの円の

図1-1　親しい人間関係を調べるための
　　　　アントヌッチの図版（Antonucci, 1976）

合計は何人になりましたか。あなたにとっての重要な人が複数いることが確認できたでしょうか。

アントヌッチらと協力して，私たちが日米の，互いに似た特徴をもつ地域の8歳以上の住民（最高齢は93歳）合計約4,000人に，この図版を使って対面調査をしたところ，日米でよく似た結果が得られました。第一の円には平均して4人くらい，第二の円には3人くらい，第三の円にはひとり程度が入れられました。定年などで退職が始まる60歳代から日米ともに合計人数がやや減りますが，80歳を超えてもなお複数の重要な人が報告されました（Antonucci et al., 2004）。

つまり，人は生涯にわたって複数の重要な人をもっていることがわかりました。そして，ひとりずつの回答に注目すると，あげられた人数は人によって異なります。たとえば，同じ趣味をもつ友人を全部あげた人などでは合計が数十人になることがありますし，逆に三つの円の合計が3人しかいないといってそれを誇る人もありました。調べてみたところ，合計人数が多いほど精神的健康の程度がよいというわけではありませんでした。ただし，第一の円に誰も入れない，あるいは，各円にひとりずつしかあげない，というようにあげる人数がとくに少ない人は，孤独感やうつ傾向が強いことがわかりました。

誰を選ぶか　三つの円のそれぞれであげられた人が誰であるかについても，日米の結果はよく似ていました。全体の傾向をみると，第一の円にあげられることが多かったのは母親，父親，友だち，そして，既婚者では配偶者，子どもなどでした。第二の円にはきょうだいと別の友だちがあげられ，第三の円には親戚の人やさらに別の友だちなどがあげられました。友だちは，女性の友だちがより内側の円に入れられる傾向が女性だけではなく男性にもみられました。これが調査に参加した人の全体の傾向でした。

ところが，それぞれの人は自分にとって重要な人を選びますので，各個人が報告する内容はさまざまです。誰をあげてもよいのですから，時や場所にとらわれずに自由に選択される可能性があります。身近な家族だからといって必ずしも選ばれるわけではありません。遠くにいても，すでに亡くなっていても，まだ会ったことがない人でも，選ばれることがあります。また，信仰をもつ人では信仰の対象が選択されることもあります。

しかし，同じ人をつながる相手として選び続けるともいえません。本人や相手の変化によってつながりたい人ではなくなることがあり，そして，相応しいとして選ばれる人が新たに出現したりもします。ただし，つながる人々が頻繁に変われば気持ちが安定しなくなりますので，比較的長く関係が続きそうな相手を選ぶことになるでしょう。大切なことは，誰をどのように選ぶかはそれぞれの人が決めることで，誰をあげてはいけないとか，誰をあげないのはおかしいとかの議論は成り立たないことです。

　つながる人はなぜ複数なのか　なぜ，人間はつながる重要な人を複数必要とするのでしょう。この疑問は，あなたが書き出した人々のあなたにとっての意味を考えれば解けるはずです。あなたは自分が必要とするつながりのすべてを，あるひとりに託すことはしていないでしょう。すべてのつながりを引き受けてくれるような万能な人はいないでしょうし，もしもあるひとりの人にすべてのつながりを託してしまえば，あなたはその人の言動に大きく左右されることになりかねません。それでは，自分らしくありたいというあなたの自立心が脅かされることになり，あなたの望むところではないでしょう。

　つまり，つながりを複数の人に分散することで，安心がそれだけ確かに保証される可能性が高まることになりますし，複数の人に関係を分散しておけば，誰かの影響を強く受けて自立が損なわれることも防げます。複数の人と上手につながることで，強固な安心が得られ，そして，自立も実現されるというわけです。

3. つながりの内容をとらえる──「愛情のネットワーク」

　アントヌッチらの三つの円は，人間が複数の人とつながっていること，しかも，人々とのつながりの重要さの程度には差があり，少なくとも3段階に分けられることを明らかにしました。手っ取り早く，重要な人たちとのつながりの内容を知る優れた方法だといえましょう。この図版を提案したアントヌッチらの研究のねらいは，「人間が複数の重要な人のサポートによって精神的に健康な状態でいられること」を示すものでした。三つの円による回答の後の面接調査によって，あげられた人々の年齢，家族や友人などの種類，つきあいの期

間，サポートの内容などを明らかにしました（Antonucci et al., 2010）。これは，複数の人が精神的健康を支えていることを明らかにする画期的な実証研究となりました。

しかし，三つの円の図版は，それぞれの個人が重要な人々の誰とどのような理由でつながっているのか，個人の状態を正確に測定するためのものとはいえません。つながっている理由を面接で聞いてはいますが，個々人の他人とのつながりの詳細を測定するには，さらなる工夫が必要です。

つながる人間関係の性質

"つながる"とは何か　それぞれの人の重要な人々とのつながりの測定のためには，まず，つながるとはどのようなことかを明確にする必要があります。人は何を求めて他人とつながるのか，どのように他人とつながっているのかについて，精神的健康や発達を専門とする国内外の心理学者が検討してきました。

私たちも日本の大学生から高齢者までの多数の人を対象に，どのように他人とつながっているのかについて，質問紙調査や面接調査を繰り返して検討しました。その結果，人々の親しい他人とのつながり方は，少なくとも，以下の6種に区別されることがわかりました。親しい人々とつながることを目的とはするものの，つながる相手，その相手の重要さの程度，そして，その相手への対人行動が社会的に容認されるかなどを考慮するために，つながり方が数種類になるのだと理解されました。この6種のつながり方を，どのような対人行動でつながるか，その働き方を考えているという意味で，「心理的機能」と呼ぶことにします。

つながりの6種の心理的機能とは，次のとおりです。それぞれの括弧内には，具体的な行動を示しました。

機能 1. ともにいることを望む（一緒にいたい，一緒にいて安心したい，など）

機能 2. 心の支えを得たい（心を支えてほしい，心の支えを得て安心したい，など）

機能 3. 存在・行動の承認を得たい（「そうだ」「大丈夫だ」などと自信をもたせてほしい，など）

機能4. 激励や援助が得たい（励ましてほしい，助けてほしい，など）

機能5. 他人と経験・情報を共有したい（喜びや悲しみの経験や情報を共有したい，など）

機能6. 他人を援助したい（困った時には相談にのったり，助けたりしたい，など）

　これらのうち，心理的機能1から心理的機能4までは他人から援助をもらいたいというもの，心理的機能5は他人と感情や経験を共有したいというもの，そして，心理的機能6は他人を支援したいというものです。このように，他人とのつながりには，他人から援助されること，他人と経験を分かちあうこと，そして，他人の助けになることの3方向があることが，私たちの調査からは明らかになりました。

　興味深いことに，人々とのつながりにこの3方向があることを，米国の社会心理学者でカウンセラーでもあるワイスも指摘しました（Weiss, 1974）。この問題について話を聞きたいと，私（高橋）がボストンの彼の研究室を訪れた際に，これが彼の豊富な心理相談の事例，とくに，離婚後の孤独感をいかに癒すかをもとに導き出されたことを知りました。私たちは3方向の重要性についておおいに議論したものです。

　つながる関係についての心の枠組み　あなたが三つの円の図版によって書き出した親しい人々のそれぞれに，心理的機能1から心理的機能6のどれでつながっているのかを確かめてみてください。あなたはそれぞれの人に心理的機能のいくつかを同時に望んでつながっていること，そして，相手によってそれぞれの心理的機能を希望する気持ちの強さが異なることに気づかれることでしょう。

　たとえば，第一の円の人たちは，第二，第三の円の人たちに比べ，おそらく，心理的機能2と心理的機能3がより重視されているでしょう。そして，その中のある人たちには，心理的機能1も充たしてもらうことを願っているかもしれません。この第一の円の人たちこそが，あなたの心の安全・安心の基盤をつくっているといえるでしょう。第二の円の人たちにも，心理的機能1から心理的機能3が期待されているかもしれませんが，その気持ちの強さはやや弱く

はありませんか。そして，心理的機能4を主に望まれるかもしれません。さらに，第三の円の人たちには心理的機能5や心理的機能6が主になっているでしょうか。

　このように，人がつながっている複数の人たちは，つながる理由（心理的機能）とそれを使う気持ちの強さ（要求の強度）とが塩梅されてつくられた，「集合体」をなしていると考えるとよいでしょう。集合体の構成要素である複数の人たちは，心理的機能や要求の強度が異なっている，あるいは，ある人たちには同じ機能が割りあてられているために，互いに関連し補いあっているといえるでしょう。これが人とのつながりの内容，すなわち，「心の枠組み」です。

　人間は自分固有のこの「心の枠組み」を使い，どのように行動として表現するべきかを検討し，状況に相応しい対人行動を実行します。ある心理的機能を果たしてほしいともっとも頼りにしている人の都合がつかなくても，二番手，時には，三番手がいますので，それほどあわてなくてもすみます。あるいは，あの人ならこのように応えてくれるはずだと，「心の枠組み」を使って自分で処理をし，実際には行動（相談）しなくてもすむこともあるでしょう。

　「愛情のネットワーク」の性質　本書では，親しい人とつながりたいという願いを愛情要求，すなわち，「人と愛情を交換したいと望む要求」と定義し，愛情要求を充たすために重要な人々で構成している「心の枠組み」を，それが愛情をやりとりするネットワーク様の性質をもつところから，「愛情のネットワーク」と呼ぶことにします。

　ここまで検討してきて，「愛情のネットワーク」の性質は次の四つにまとめることができます。

　　性質1.「愛情のネットワーク」は複数の重要な人々で構成されている。
　　性質2.「愛情のネットワーク」を構成する重要な人には，それぞれ単数あるいは複数の心理的機能とその強度が区別されて割り振られている。
　　性質3.「愛情のネットワーク」の内容には個人差がある。
　　性質4.「愛情のネットワーク」は生涯にわたって維持されるが，本人の発達や状況の変化に応じて変化する可能性がある。

4. 「愛情のネットワーク」の測定

愛情の関係尺度―― ARS

ARS の特徴　前記の四つの性質を備えたそれぞれの人の「愛情のネットワーク」をとらえるために「愛情の関係尺度（Affective Relationships Scale, 以下では ARS）」をつくりました。これは「愛情をやりとりしたい」という人とのつながりの内容を測定するもので，本書の縦断研究の中心となる測定具のひとつです。

　ARS は人とつながりたいという愛情要求を，（1）誰に向けているか，（2）6種の心理的機能のどれを割りあてているか，（3）要求の強さはどの程度かの三つの要因について測定し，「愛情のネットワーク」の内容を具体的にとらえる

表 1-1　「愛情の関係尺度」（ARS）の質問項目の例：母親についての回答の場合

	そう思う	まあそう思う	どちらともいえない	あまりそう思わない	思わない
1.　母親が困っている時には助けてあげたい	5	4	3	2	1
2.　母親と離れると心に穴があいたような気がするだろう	5	4	3	2	1
3.　母親が私の心の支えであってほしい	5	4	3	2	1
4.　悲しい時は母親と共にいたい	5	4	3	2	1
5.　つらい時には母親に気持ちをわかってもらいたい	5	4	3	2	1
6.　母親とは互いの悩みをうちあけあいたい	5	4	3	2	1
7.　母親が困った時には私に相談してほしい	5	4	3	2	1
8.　自信がわくように母親に「そうだ」といってほしい	5	4	3	2	1
9.　できることならいつも母親と一緒にいたい	5	4	3	2	1
10.　なにかをする時には母親が励ましてくれるといい	5	4	3	2	1
11.　母親とは互いの喜びを分かちあいたい	5	4	3	2	1
12.　自信がもてるように母親にそばにいてほしい	5	4	3	2	1

ものです（高橋，2010）。

　ARSは中学生から高齢者までが使える自己記述式（調査を受ける本人が調査票に記入する方法）の質問票です。先に述べた6種の心理的機能を具体的に記述する表1-1のような12項目（6種の心理的機能を記述する各2項目の計12項目）を使って，調査の協力者がつながる相手として選択するであろうと予想される人（母親，父親，もっとも親しいきょうだい，親友のひとり，恋人，既婚者なら配偶者，子どもがいれば子どものひとり，尊敬する人などの5〜8人）の，ひとりずつについて回答してもらいます。つまり，12項目について5〜8人への気持ちを繰り返し計5〜8回評定してもらいます。万一，指定した人が亡くなっている場合でも，重要だと思うのであれば回答してもらいます。「尊敬する人」の回答では，まだ会ったことがないが重要だと考えている人，あるいは，信仰している神についてなども，もしも本人が必要だと考えるのであれば，ここで回答してもよいことにします。

　この回答によって，重要な5〜8人のそれぞれが，どの心理的機能でどの程度強く求められているかを調べることができます。図1-2に示したのは，既婚女性Xさんの測定結果です。Xさんの例で説明してみましょう。

　ARSによって「愛情のネットワーク」についての2種類の得点が出せます。第一の得点は図1-2の中央の五角形のレーダー図で示しています。Xさんは自分の母，父，配偶者，子ども，女友だちの5人のそれぞれについて回答しました。このほかには回答したい人はいないと答えていますので，この5人がXさんの「重要な人々」であると考えてよいでしょう。

　5人の愛情要求の得点は12項目の合計点（そう思う〜思わない，に5〜1点を与え，合計は60〜12点）をそれぞれ計算します。得点が高いほどその人への愛情要求が強いことになります。図1-2のレーダー図に見るように，Xさんの得点は高いほうから，配偶者（満点の60点），子ども（49点），女性の友だち（42点），母親（41点），父親（40点）の順になりました。愛情要求の対象として配偶者がもっとも重視されていることがわかります。

　第二の得点はそれぞれの対象がどの心理的機能でどのように重視されているかを見るもので，図1-2ではそれぞれの対象の外側に棒グラフで示しました。ひとりずつが心理的機能1から心理的機能6の得点（それぞれ2〜10点）を

もつことになります。Xさんの場合には，もっとも高得点であった配偶者は図のようにすべての心理的機能においてきわめて重要だとされています。得点がもっとも高い配偶者とその他の対象との大きな違いは，配偶者は心理的機能1から心理的機能3の得点がほかの対象に比べて高いこと，つまり，Xさんの存在の支えになるようなつながりを求める程度が強いことです。一方，心理的機能6はどの対象にも高く，総得点が低い父親も例外ではないことがわかりま

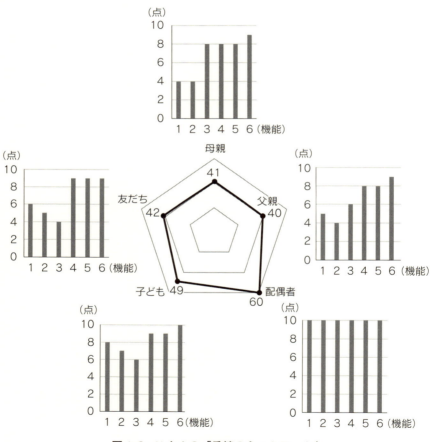

図1-2 Xさんの「愛情のネットワーク」

レーダー図は5人の各対象についてのARSの得点
棒グラフはそれぞれの対象の心理的機能1から心理的機能6の各得点

す。Xさんには身近なすべての人を必要な時には助けたいという気持ちがあるといえるでしょう。心理的機能4と心理的機能5は両者の中間で，心理的機能6よりは弱いものの，測定したすべての人にある程度向けられています。このように，第二の得点によって，回答された重要な人にどのようなつながりをどの程度強く求めているかがわかります。

つまり，Xさんの「愛情のネットワーク」は少なくとも5人の「重要な人」で構成され，重要度の程度がそれぞれ区別されていることがわかります。重要な人のそれぞれは，どのような心理的機能が重要かについて区別されています。たとえば，心理的機能1と心理的機能2は配偶者が応えてくれることをもっとも強く願っていますが，やや程度は弱くはなるものの，子どもと友だちにも希望しています。これは「心の支え」が必要な状況で，たとえば配偶者が不在であれば，子どもや友だちが代理を務め得ることを示しています。これが，Xさんに真の味方が数人いるという安心や自信をもたらすともいえるでしょう。全体では4位の得点である母親が，心理的機能3において配偶者の次に強く期待されていることも注目されます。

「愛情のネットワーク」の類型　それぞれの人が自分にとって誰が重要かを選ぶとすれば，「愛情のネットワーク」には個人差があることが考えられます。そこで，ARSによって得られる前述の2種類の得点を使って，「愛情のネットワーク」の個人差を類型化することによって検討してみましょう。

類型化とは個人の特徴に注目しつつ，似た個人を集めて共通の特徴をもつものを集める方法の一つです。個々の事例を詳細に記述するのが「事例研究」です。これは個人の詳しい資料を理解する方法としては優れていますが，いわば，森の中で一本一本の木に注目する方法です。一方，現在広く使われている「グループ全体」の特徴を数値化してまとめる方法は，いわば森全体の特徴をとらえるものです。これらに対して「類型化」とは，互いに似ている木をそれぞれまとめ，その束（類型）の特徴を理解するものです。

ここでは，ARSの得点によって人間関係を類型化することを考えてみます。ARSで得られる数値を使ってどう類型化するかについてはさまざまな統計的処理法があり，何をもとに分けたらよいかを検討しました。その結果，回答されたそれぞれの重要な人の12項目の合計点に注目し，もっともARS得点が

高い人が誰かによって類型に分けるのがよいという結論になりました（高橋，2010）。

　たとえば，5人について回答していれば，5人の12項目の合計点をそれぞれ集計して，得点の高い順に並べて，もっとも合計点が高い人（前述のXさんの場合には配偶者）を「愛情のネットワーク」の中心の人として注目しようというわけです。それが誰かによって，母親型，友だち型，恋人型，配偶者型，子ども型などと呼ぶことにします。この方法でXさんは配偶者型になります。

　類型化は妥当か　このようにして「愛情のネットワーク」の類型を決めることが妥当かどうかをいろいろ検討しました。まず，心理統計を使って分析してみますと，最高の愛情得点を与えられた人は，1から6のすべての心理的機能の得点が高く，なかでも人間の精神的な安定にとって必須の心理的機能（2と3）の得点が高いことが特徴だとわかりました。さらに，心理的機能2と心理的機能3について分析してみたところ，これらの存在を支える得点は，配偶者型では配偶者に，友だち型では友だちに，子ども型では子どもにというように，中心とする人に強く向けられていることが明らかになりました。

　つまり，それぞれの人の心理的意味は，母親だから，友だちだから，子どもだからなどとして決まるのではなく，各類型の中での位置づけによって，それぞれの意味が異なるというわけです。たとえば，母親という存在の心理的意味は，誰にとっても同じであるとはいえないということです。

　さらにまた，文章完成法（SCT）という方法[注1]を用いて，「私が心のよりどころにしているのは」「つらい時に，私の心の支えになるのは」「母は私にとっては」「夫（妻）は私にとっては」「子どもは私にとっては」などの短い文章を示して，これに続けて自由に書いてもらいました。そして，ARSで最高得点を与えられた人の心理的機能が特別に重要な人であることを示すもの（心理的機能2と心理的機能3）になっているかを確認することにしました。その結果，たとえば最高得点を与えられた配偶者（夫）型では，夫が「心の支え」であり，「大事な人」「生涯をともにするパートナー」などと記述されたのに対し，子ども型での夫は「子どもの父親」「子どもを一緒に育てる人」「子どもや家族を養う大黒柱」などと，父親役割が記述されるだけでした。

　このような自己報告にもとづく裏づけに加え，類型の特徴が日常生活での実

際の対人行動に反映されることも繰り返し確かめました。たとえば，友だち型と母親型の大学の新入生では，学生生活になれていく方法が異なることがわかりました。友だち型の学生が友だちをすぐにつくり活発に大学生活をスタートさせたのに対し，母親型の学生は慎重に行動し，故郷の母親に問題を電話で相談しながら，ゆっくり適応していきました。これらの多くの証拠にもとづいて，「愛情のネットワーク」を最高得点が与えられた人物に注目して類型化することが妥当である，と考えることにしました（高橋，2010）。

　一匹狼型という類型　人間関係の調査をすると「ひとりがいい」「だれでもいい」「わからない」などといって，自分の重要な人についての回答をしない人が少数みられます。あるいは，ARSへの回答でも，どの人についても得点が低く，他人と愛情要求を交換することにほとんど関心を示さない人がいます。そこで，このような人を一匹狼型（lone wolf type）と名づけることにしました。具体的には，ARSで「測定したすべての人の得点が半分に達しない」，すなわち，36点（12項目すべての回答が3点「どちらともいえない」）以下である（**表1-1参照**）という基準を設けて，一匹狼型を特定することにしました。

　この基準で一匹狼型を調べると，中学生から高齢者までどの年齢群でも主に男性の中の1割程度を占めることがわかりました。中高年の男性では自ら望んで"孤高"を誇りにしていると報告する人もありました。しかし，この人たちを含めて，一匹狼型と判定された人の心理テストの結果は，孤独感やうつ傾向が高いという特徴を示しました。先の三つの円の図版を考案したアントヌッチは，三つの円の合計人数が0〜3人と少ない，あるいは，第一の円に誰もあげない人は，このような一匹狼型と似た傾向をみせると指摘しました。私たちはデータをもち寄って，日米共通に一定程度の割合で，人間にあまり関心がない人がいることを確認しました。

5. 子どもの「愛情のネットワーク」の測定

　本書の6章では，調査協力者の両親の「愛情のネットワーク」をARSで測定し，子どものもつ「愛情のネットワーク」との関連をみています。しかし，

調査の対象が子どもの場合には，測定にはさらに工夫が必要です。そこで，ARS と同じ理論にもとづいて，子どものために開発した測定法が次に述べる PART（パート）です。私たちの縦断研究では，この PART によって 3.5 歳から 8 歳まで計 6 回，子どもの「愛情のネットワーク」を測定しました。これがこの縦断研究の中心的なデータになります（**図序-3 を参照**）。

絵画愛情の関係検査── PART

幼児と小学生のための測定　ARS と同じ理論にもとづいて，子どもの「愛情のネットワーク」を測定するための測度が「絵画愛情の関係検査（Picture Affective Relationships Test; PART）」です（高橋，2002）。幼児版（PART-YC）と小学生版（PART-SC）があり，それぞれに女児用と男児用とを用意し，どちらの図版を選ぶかは子どもの選択にまかせることにします。

　PART は ARS が文章で表現している前述の 6 種の心理的機能のそれぞれを，子どもの日常生活で見られる具体的な場面を考えて，それを絵で表現したものです。各図版の場面でのベストパートナーは誰かを尋ねます。幼児用の図版の例は，図 1-3 に示しました。PART は 6 種の心理的機能をそれぞれ 3 枚の絵で表現し，合計 18 枚（6 心理的機能×3 場面）の図版で構成されています。ただし，幼児版では，心理的機能 6（他人を支援する）は幼いために現実的ではないという理由で除き，合計 15 枚の図版で構成されています。**表 1-2** に幼児用の 15 図版を子どもに示す時の教示と，それぞれの図版が 5 つの心理的機能のいずれに該当するかを記載しました。また，幼児用と小学生用の PART のすべての図版はホームページ（QR コード）で見ることができます[注2]。

　PART の図版を 1 枚ずつ子どもに見せて，表 1-2 の教示にしたがって 1 〜 15 の順に尋ねます。初めに図版 3a を見せながら「○○ちゃんのまわりにはいろいろ人がいますね」といって家族構成，親戚の人たち，保育所や幼稚園の友だち，保育者などにふれながら「そういう人たちのことを思い出しながら答えてください」といいます。そして，「これから絵を見せます。絵の中の子どもは○○ちゃん（あるいは，あなた，自分）だと思ってください。それぞれの絵の四角の部分に，もっともきてほしい人はだれかを答えてください」といってから，PART の図版を一枚ずつ見せながら尋ねていきます。友だちやきょう

30

1章 人はなぜ人とつながるのか

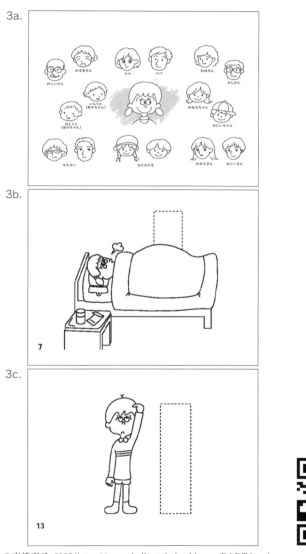

©高橋惠子, 2002 (http://www.keiko-takahashi.com/PART.htm)

図 1-3a 〜 3c　PART（幼児版）の図版の例

3a. 説明のための図版（女児用）
3b. 図版7（女児用カード）病気の時，だれに，もっともそばにいてほしいですか
3c. 図版13（男児用カード）とても悲しいことがあった時，だれに，一番そばにいてほしいですか

表 1-2　PART（幼児版）の 15 図版のそれぞれの教示と心理的機能

	項目	心理的機能
1	家の中で遊ぶ時，だれと，もっとも一緒に遊びたいですか	1
2	怪我をした時，だれに，もっともそばにいてほしいですか	3
3	宇宙旅行に行くとしたら，だれと，もっとも一緒に行きたいですか	5
4	外で遊ぶ時，だれと，もっとも一緒に遊びたいですか	1
5	だれと一緒にいる時が，もっとも安心な気持ちがしますか	2
6	幼稚園のお庭で遊ぶ時，だれと，もっとも一緒に遊びたいですか	1
7	病気の時，だれに，もっともそばにいてほしいですか	3
8	お風呂に入る時，だれと，もっとも入りたいですか	5
9	レストランで何を食べようか迷った時，だれに，もっとも決めてほしいですか	4
10	幼稚園で何をして遊ぼうかと迷った時，だれに，もっとも決めてほしいですか	4
11	とても嬉しいことがあった時，だれに，一番知らせたいですか	2
12	本を見ていたらよく知らない花がでてきました。だれに，もっともそれは何か確かめたいですか	3
13	とても悲しいことがあった時，だれに，一番そばにいてほしいですか	2
14	大切な宝物を持っているとしたら，だれに，もっとも見せたいですか	5
15	幼稚園で折り紙を折っていてうまくできない時，だれに，もっとも教えてほしいですか	4

だいというような一般名詞，あるいは，固有名詞で答えた時には，それが誰であるか，本人との関係がわかるように聞きながら進めます。なお，PART には，3.5 歳前後から子ども自身が口頭で答えることができます。

PART と ARS の共通点　PART では，それぞれの心理的機能で愛情要求を充たしてほしい人は誰かをあげてもらいます。「人」と「心理的機能」とが結びついたネットワークとして人間関係をとらえようとする点では，ARS と同じです。15 枚（幼児版），あるいは，18 枚（小学生版）の図版で，ある人が重要な人として何度あげられたかに注目すれば，それぞれの人に対する愛情要求の強度を知ることができます。さらに，どの心理的機能を表現する図版でその人があげられているかをみれば，「愛情のネットワーク」でのその人に割り

振られた心理的機能がわかることになります。さらにまた，誰がもっとも頻繁にあげられたかに注目して，「愛情のネットワーク」の類型に分けることもできます。

　子どもの「愛情のネットワーク」の類型化　類型化では誰がもっとも頻繁にあげられたかに注目します。具体的には，PART の図版の半数以上（幼児版では 15 枚中 8 枚以上）で誰かひとりが選ばれた場合，あるいは，誰かひとりが 7 枚の図版で選ばれ 2 位が 4 枚以下の場合には，ともに最高の枚数の人を中心の人とみなします。それが母親であれば母親型，友だちであれば友だち型などとします。また，「ひとりがいい」「だれでもいい」「わからない」などと 8 枚以上の図版で答えた場合，あるいは，そのような回答が 7 枚以上で 2 位の人が 4 枚以下であれば，一匹狼型とします。このような基準に合わずに，数人を数回ずつ選んでいる場合には，誰が中心であるかを決めるのが難しいので多焦点型と呼ぶことにします。

　子どもの回答の信頼性・妥当性　幼い子どもの PART への回答は，確かなものといえるでしょうか。それを検討するために，東京郊外のある幼稚園で，230 名の 5，6 歳児に 2 週間の時間をおいて PART に二度回答してもらいました。その結果，まず，それぞれの人があげられた回数の相関係数の平均は高く（$r = .66$）[注3]，2 週間おいて前回と同じ類型に分類された子どもは 65% でした。これを家族型群（母親型，父親型，両親型）か非家族型群（友だち型）かで分類したところ，86% の子どもが同じグループに分類されました（高橋，2010）。これは大学生の ARS による信頼性の調査結果とほぼ同じであり，幼児の回答が信頼できることを示しています。

　では，類型化の妥当性はどうでしょう。妥当かどうかをみるために，たとえば，母親型と友だち型の子どもの行動の違いを実験場面で確かめました。母親型と友だち型の子どもを選んで，行動の仕方が異なるかを実験場面で調べたところ，友だち型の子どもは子どもとのやりとりが上手で，母親型の子どもは母親と同じ世代の女性とのやりとりがよりスムーズにできることがわかりました。つまり，友だち型では，ネットワークに子どもがより多く含まれ，子どもとどのようにつきあうかについての経験や知識がより豊富であるといえます。これに対して，母親型ではネットワークの重要なメンバーが女性のおとなであ

る母親であって，その種の人との交渉の方法についての経験や知識をより豊かにもつと理解できました（高橋，2010）。

　さらに，先に ARS でも調べたように，PART の図版であげられた人に対する子どもの気持ちを，PART とは無関係な面接の質問の際に尋ねて，PART の回答と一致するかを確かめました。たとえば，「○○ちゃんがもっとも好きな人はだれ？」「お母さんは好き？」「友だちは好き？」などと尋ねてみたところ，PART での回答と一致することもわかりました。このように，PART は幼児の「愛情のネットワーク」を明らかにする測定法として有効だと考えてよいでしょう。

6．まとめ

　ここまで，人が人とつながる生物としての特徴と理由とを明らかにし，その人間関係とはどのようなものであるかを，三つの円の測定法で確かめました。その結果，人間が生涯にわたって複数の重要な人を選び，それぞれに重要とする意味を区別して，自分が平穏に生き延びるうえで必要な「愛情のネットワーク」をつくっていると考えるのが妥当であることを説明しました。そして，このような人間関係の内容を確実にとらえるための測定法を提案しました。それが，この縦断研究で使用する人間関係の測定法，ARS と PART です。

　ARS と PART は同じ理論にもとづいて，おとなと子どものそれぞれについて人とのつながりの内容を測定するために開発されました。ARS と PART を使えば，同じ理論によって，子どもからおとなまでの人間関係の発達の様子の測定が可能です。本研究では，3.5 歳から 6 歳までは幼児版 PART で，そして，小学生になってからは小学生版 PART で，さらに，子どもの両親にはARS によって，それぞれの「愛情のネットワーク」を報告してもらいました。

　次の 2 章では，PART を使って 3.5 歳から 8 歳までの子どもの「愛情のネットワーク」がどのようなものであったかをみることにします。そして，6 章では両親の ARS と子どもの PART との関係を検討します。

注 1）　文章完成法（Sentence Completion Test; SCT）とは心理検査のひとつであ

34

る。SCT では未完成な短文（刺激文）を用意し，検査協力者にはそれに続けて思いつくことを自由に書いて文章を完成してもらう。この書かれた文（反応文）の内容を分析し，書き手の態度，信念，感情などの心理状態を知ろうとする方法である。

注2）　幼児用の PART の図版と教示は，http://www.keiko-takahashi.com で見ることができる。必要に応じてダウンロードが可能である。ただし，図版には著作権が設定されているので，図を変更したり，手を加えたりすることはできないことに注意されたい。

注3）　相関係数（正式には，ピアソンの積率相関係数）は，2 つのデータの直線的な関係がどの程度強いかを -1 から +1 の間の値で表す数値である。数値が +1 に近いほど「強い正の相関がある」，-1 に近いほど「強い負の相関がある」，0 に近いほど「ほとんど相関がない」と判定する。本書では，得られたデータに統計的な意味があるか（$p<.05$ 以下であるか）を，相関，偏相関，分散分析，因子分析などを適宜用いて判断している。そして，本書では，統計的に有意であった結果にもとづいて述べている。なお，本書の記述では基本的には数値は省略している。

引用文献

Antonucci, T. C. (1976). Social support network: A hierarchical mapping technique. *Generations, 10* (4), 10-12.

Antonucci, T. C., Akiyama, H., & Takahashi, K. (2004). Attachment and close relationships across the life span. *Attachment & Human Development, 6,* 353-370.

Antonucci, T. C., Fiori, K. L., Birditt, K., & Jackey, L. M. H. (2010). Convoys of social relations: Integrating life-span and life-course perspectives. In M. F. Lamb, A. M. Freund, & R. M. Lerner (Eds.), *The handbook of life-span development, Vol. 2* (pp. 434-473). Wiley.

長谷川眞理子（2023）．進化的人間考　東京大学出版会

Kahn, R. L., & Antonucci, T. C. (1980). Convoys over the life course: Attachment, roles, and social support. In P. B. Baltes & O. G. Brim (Eds.), *Life span development and behavior, Vol. 3* (pp. 253-286). Academic Press. 遠藤利彦（訳）（1993）．生涯にわたるコンボイ　東洋ほか（編）生涯発達の心理学 2 (pp. 33-70)　新曜社

高橋惠子（2002）．生涯にわたる人間関係の測定――ARS と PART について　聖心女子大学論叢，*98,* 101-131.

高橋惠子（2010）．人間関係の心理学――愛情のネットワークの生涯発達　東京大学出版会

Tomacello, M.（2009）. *Origins of human communication*. Massachusetts Institute of Technology. 松井智子・岩田彩志（訳）（2013）．コミュニケーションの起源を探る――ジャン・ニコ講義セレクション7　勁草書房

Weiss, S. R.（1974）. The provision of social relationships. In Z. Rubin（Ed.）, *Doing unto others*（pp. 17-26）. Prentice-Hall.

2 章

人と人がつながる仕組み
―― 「愛情のネットワーク」の内容

　幼児といえば「お母さん子」ととらえ，その心理は実験や行動観察によって推定するというのが，これまでの発達研究の進め方でした。本書で紹介している私たちの研究では，子どもに面接をして考えや気持ちを直に聞いています。子どもに自分のことを話してもらうために，それができるようになる 3.5 歳から研究を始めました。その結果，これまでの幼児についての常識を覆す発見がたくさんありました。

　本章では，私たちの新しい発見である，それぞれの子どもがつくっている人間関係の内容について述べます。それぞれの子どもは自ら選んだ，自分にとって重要な数人で構成されるネットワーク状態の人間関係を頭の中につくっています。幼児も 1 章で調べてみたおとなの人間関係と同じようなネットワークがつくれるのです。データを見てみましょう。

1. 複数の重要な人とつながる

重要だとして選ばれる人々
　複数の人を選ぶ　3.5 歳から 8 歳まで毎年一度，計 6 回，PART を使って子どもに面接して，誰とどのようにつながっているかを調べました。ただし，小学生版 PART は心理的機能 6（他者を援助したい）を描いた 3 枚の図版を含めて 18 枚で構成されていますが，これ以降の PART の分析では，特別にことわらないかぎり，幼児用 PART に合わせて，心理的機能 1 から心理的機能 5

を描いた15枚の図版だけ（表1-2参照）を使います。

　計6回のPARTの結果，図2-1に見るように，3.5歳でも平均すると3種類以上の人を重要だとしてあげました。3.5歳時点にあげられた人の種類は，もっとも少ない子どもでは1種類（母親）でしたが，最大は6種類（母，父，きょうだい，祖父，いとこ，友だち）でした。保育所や幼稚園での生活に慣れる5，6歳時点では，あげられる人の種類が平均5種類近くにまで増え，小学校入学後は，生活環境の変化のためか平均して1人程度減りました。そして，女児のほうが男児よりも，4歳から報告する人の種類が多いこともわかりました。5歳から8歳では，子どもがあげる人間の種類の多少には一貫性がみられました。つまり，5歳くらいから人間関係の種類の広がりの大きい子，小さい子という差がでてくることがわかりました。

　誰が重要か　子どもがPARTの各図版で誰をベストパートナーとしてあげたかをみてみましょう。母親，父親，友だち，そして，一匹狼傾向の4種類について，それぞれが15枚のカードであげられた回数の平均値の推移は，図2-2のようになりました。この図によると，まず注目されるのは，幼児が母親をあげた結果です。女児では，3.5歳で母親がもっとも多く選ばれているものの，4〜8歳では友だちがあげられる回数も同様に多いという結果でした。こ

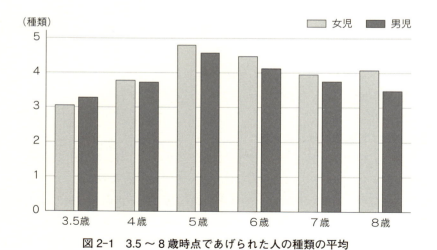

図2-1　3.5〜8歳時点であげられた人の種類の平均

れに対して、男児では、3.5〜7歳まで一貫して母親がもっとも多く選ばれました。友だちをあげる回数は年齢とともに増加していますが、女児の友だちとの関係は、男児に比べてより早くから発展していることを示しています。父親をあげる回数は母親よりも少なく、とりわけ女児では、年齢とともにわずかですが減少しています。

このように、子どもに尋ねてみると、誰がもっとも重要かは年齢によって変化していることがわかります。人との関係についての関心が弱い一匹狼傾向は平均でみると1回前後でわずかですが、男児により多くみられることがわかります。おとなの調査でもこの傾向は男性により多くみられますので、同じ特徴が幼児からみられることは興味深いことだといえましょう。

それぞれの場面でのベストパートナー

心理的機能 PARTの面接で、子どもはそれぞれの図版に描かれた場面で「自分のベストパートナーはだれか」を答えることになります。「お風呂に一緒にはいる」のは父親、「病気の時に一緒にいてほしい」のは母親、「幼稚園の庭で遊びたい」のは友だち、などという具合にです。つまり、子どもはそれぞれの心理的機能を描いた場面で、もっともよくその場面での愛情要求を充たしてほしい人を選んでいるのだと考えられます。

PARTの図版 PARTは1章で述べた5種の心理的機能（1.一緒にいたい、2.心を支えてほしい、3.存在・行動を承認してほしい、4.困った時に激

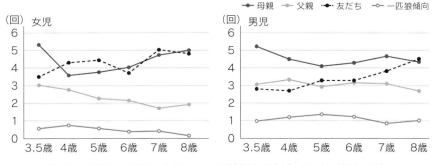

図 2-2　母親，父親，友だち，一匹狼傾向が報告された回数の平均

励・援助が得たい，5.経験・情報を共有したい）のそれぞれの場面を3枚ずつの絵で表現した合計15枚（5心理的機能×3場面）で構成されています（PARTの15の図版の教示と心理的機能は前章の表1-2，図版の例は前章の図1-3参照）。

　母親，父親，友だちの3種類の人間が，5種の心理的機能のどれで指名されたかを整理し，3.5～8歳の6時点で男女別にみたところ，いずれの年齢でも，女児と男児はよく似た傾向を示すことがわかりました。誰がどの心理的機能で選ばれたかを図2-3に示しました。この図は，5歳時点での女児と男児の結果を例として示したものです。

　図2-3に見るように，子ども全体の傾向をまとめると，心理的機能によって多く選ばれる相手が異なります。全体でみると，母親は心理的機能3で突出して多く選ばれ，そして，心理的機能2でも多く選ばれていることが注目されます。心理的機能2と心理的機能3は心の安全・安心を支える中心的な機能で，これを幼児は母親に求めていることがわかりました。父親は母親に比べて3.5～8歳まで一貫して愛情要求の対象として選ばれにくいのですが，唯一，心理的機能5で多く選ばれています。友だちは，図に見るように心理的機能1でもっとも多く選ばれています。男女のグラフの形はどの時点もよく似ていますが，男児は女児に比べて友だちよりも父親を選ぶ傾向があることがわかりました。

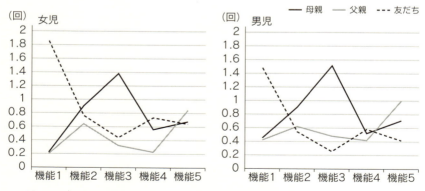

図2-3　母親，父親，友だちに割り振られた心理的機能1～5（5歳時点）

以上は，この縦断研究に参加した子ども全員をまとめた結果です。子どもからもらったデータ全体をまとめてみると，子どもは心理的機能に応じて，母親，父親，友だちを使い分けていることがわかりました。すなわち，全体としてみると，母親が子どもの心を支える心理的機能2と心理的機能3でもっとも多く求められていることがわかりました。このような結果が，「幼児はお母さん子である」という証拠として使われ，「お母さん子がふつうである」という思い込みを広げてきたのだと思われます。さらにデータは，父親は愛情を問題にするような測定ではたいして重要な人とはされないこと，そして，幼児の友だちは遊び仲間であるという機能で重要であることも示しました。

これらの結果を，「予想どおりだ」「当然だ」と思う読者も少なくないことでしょう。たしかにここまでの結果は，すでに社会に広がっている幼児期の親しい人間関係の特徴を見せているといえましょう。しかし，本書が検討したいのは，このような全体の傾向のもとで，一人ひとりの子どもが，それぞれ親しい他者とどのようにつながっているか，個々の子どもがつくる「愛情のネットワーク」の内容です。

2. 重要な人々とのそれぞれのつながり

子どもの「愛情のネットワーク」

類型化　それぞれの子どもの「愛情のネットワーク」を，(1) 誰が，(2) どの心理的機能で，(3) どのくらいの強度で選ばれているか，という3要素を測定して，それぞれの子どもの「愛情のネットワーク」の特徴をみることにします。1章で述べたように，本研究では，似た特徴をもつ個人をグループにして，そのグループごとの特徴を明らかにすることを提案しています。つまり，「愛情のネットワーク」において中心的役割を果たしている人は誰かによって類型化し，同じ類型間の共通の特徴と異なる類型間の違いとを検討しようとするものです。

表2-1aから表2-1dは，この縦断研究の子どものうち，詳しい分析についての許可を得た43人のうちから5歳時点で選んだ4種の類型の，上記の (1) 〜 (3) の3要素について示したものです。ここには5歳時点を例にあげてい

ますが，以下にみるような各類型のそれぞれの特徴は，3.5 〜 8 歳のいずれの時点でもみられるものです。

　表 2 の 1a から 1d の各表では，横軸に選ばれた人の種類を，縦軸には心理的機能 1 から心理的機能 5 を示しています。各欄の数字は，その人がそれぞれの心理的機能で何回あげられたかを示しています。PART では各心理的機能についてそれぞれ 3 枚のカードで尋ねていますので，各欄は最大値が 3，最小値が 0 になります。ただし，表 2-1 では回答が 0（ゼロ）の場合には空欄で示しています。4 つの類型をみてみましょう。

　表 2-1a の A さん（男児）は，誰よりも母親を多く選び類型化の基準によって，母親型であると判断されます。A さんは表のようにすべての心理的機能で母親を選び，母親は 15 枚中 12 枚の図版であげられました。母親は存在を支える中心的な心理的機能 2 と心理的機能 3，そして，心理的機能 4 のすべての図版で選ばれました。加えて心理的機能 1 の 2 枚，心理的機能 5 の 1 枚の図版でも選ばれました。心理的機能 1 と心理的機能 5 では父親もそれぞれ 1 枚と 2 枚であげられました。A さんは，母と父以外には誰も選んでいないことが注目されます。

表 2-1a 〜 1d 「愛情のネットワーク」の 4 種の類型（5 歳時点）
——誰が，どの心理的機能で，何度選択されたか

1a. 母親型の A さん

機能	母親	父親	友だち	その他	一匹狼
5	1	2			
4	3				
3	3				
2	3				
1	2	1			

1b. 友だち型の B さん

機能	母親	父親	友だち	その他	一匹狼
5	1		1	1	
4		1	2		
3			3		
2			2	1	
1			3		

1c. 多焦点型の C さん

機能	母親	父親	友だち	その他	一匹狼
5		1	1	1	
4	1			2	
3		1			2
2			1	1	1
1			3		

1d. 一匹狼型の D さん

機能	母親	父親	友だち	その他	一匹狼
5		1			2
4		1			2
3	1			1	1
2				1	2
1				1	2

表 2-1b の B さん（女児）は，類型化の基準によると友だち型になります。表に見るように，友だちがすべての心理的機能で計 11 枚の図版であげられ，存在を支える心理的機能 2 と心理的機能 3 では合計 6 枚中 5 枚であげられています。「怪我をした時」や「病気の時」の場面でもそばにいてほしい相手として友だちを選んでいます。母親は心理的機能 5 で 1 回（入浴の時），そして，父親は心理的機能 4 で 1 回（レストランで何を注文するか）あげられました。このように，B さんの「愛情のネットワーク」では，友だちがもっとも重要であると回答されています。

表 2-1c の C さん（女児）は，多くの種類の人をさまざまに選んでいて，誰が中心かを決めにくいことを意味する多焦点型です。表に見るように，心理的機能 2 と心理的機能 3 でも，誰かをとくに多くあげないことが注目されます。また，C さんは心理的機能 2 と心理的機能 3 についての計 3 枚の図版で具体的な人をあげない一匹狼的な回答をしています。C さんは心理的機能を誰かには集中させずに，最適な人をそれぞれに選んでいる様子がうかがわれます。

表 2-1d の D さん（男児）の「愛情のネットワーク」は，半数以上の計 9 枚の図版で一匹狼的な回答をしたことから，一匹狼型と判定されます。D さんは心理的機能でさまざまな人をそれぞれに指名しました。たとえば，母親は心理的機能 3 で，父親は心理的機能 5 で，それぞれ一度ずつあげているという具合です。

このように子どものそれぞれの「愛情のネットワーク」の内容に注目してみると，子どもによってその内容には大きな差異があること，つまり，個人差が大きいことがわかります。

このようにして，PART の 15 枚のカードで，誰がもっとも多く選ばれたかに注目して「愛情のネットワーク」の類型を，この縦断研究の子ども全体についてみたのが，図 2-4 です。

図 2-4 を見るとまず気づくのは，多様な類型がみられることです。どの時期にも母親型，父親型，両親型，友だち型など中心（焦点）となる人物が誰かがよくわかる類型（これには，中心がひとりである単一焦点型と両親を一緒にあげる二焦点型がある），そして，多くの人を数回ずつ選ぶために誰が中心的な人かがわかりにくい多焦点型，さらに，人間への関心が弱いと判断される一

匹狼型などがみられます。幼児期からすでに「愛情のネットワーク」の内容については個人差が大きいことがわかります。

成長にともなう類型の出現率　すでにみたように幼児全体をまとめてしまうと母子関係が注目されますが，それぞれの幼児についてみると必ずしも「お母さん子」が多くはないことがわかります。図2-4に見るように，母親を単独でもっとも多く選び母親型だとされる子どもがめだつのは3.5歳時点のみで，女児で32%，男児で39%でした。それ以後8歳時点まで，女児でも男児でも母親型は，多くても2割程度であることがわかります。そして，父親が単独でもっとも多く選ばれる父親型は，3.5歳時の男児の19%が最大で，一貫して少ないのですが，「ママとパパ」という表現で両親をもっとも多くあげる両親型の子どもが2〜4割いました。母親型，父親型，両親型と親を主にあげた子どもを合計すると，図に見るように3〜6割強になります。そして，女児よりも男児にこの両親中心の「愛情のネットワーク」が多いことが注目されます。

　この結果は，女児のほうが母親と親しい関係をつくるという社会通念とは異なることがわかります。4〜7歳時まで，女児で多くみられたのは，さまざまな人をあげて誰が中心であるかを決めにくい多焦点型（30〜50%）でした。多焦点型は，子どもが親しい人たちをいろいろ吟味していることを示しているのだと思われます。

　友だちをもっとも多くあげる友だち型は，3.5歳時点でも女児で24%，男児で16%みられます。友だち型はどの年齢でも7〜24%みられ，3.5〜7歳までは女児のほうに多くみられました。友だち型が多いこと，多焦点型が多いことから，幼児期の女児の人間関係が男児に比べ，家族から非家族へとより活発に拡がっていることがわかります。

　男児にめだつのは，3.5歳時から1〜3人みられる一匹狼型です。この型は，前述のように人間がかかわるはずの場面を描いているPARTの図版の半数以上で，具体的に誰かをあげない場合に特定されるものです。一匹狼型は女児にはひとりもいませんでした。一匹狼型が男性に1，2割みられることは青年や成人の資料でも繰り返し確かめてきました（高橋，2010）。同じ傾向が幼児にもみられることは，興味深いことです。

2章 人と人がつながる仕組み──「愛情のネットワーク」の内容

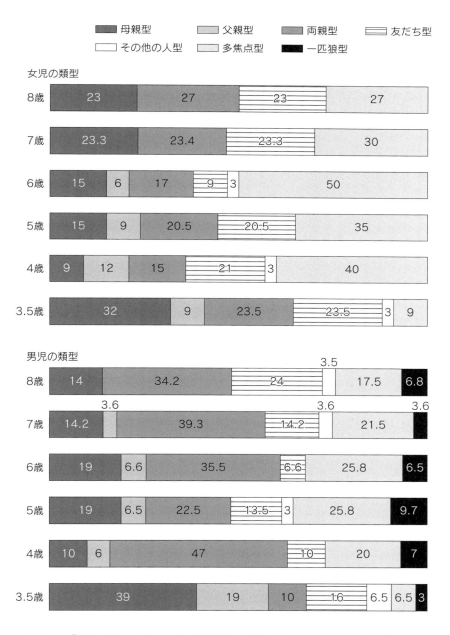

図2-4 「愛情のネットワーク」の類型の出現率（3.5〜8歳時点）（数値は％）

類型による行動の差異

類型化はもっとも多くのカードであげられた人が誰であるかに注目して「愛情のネットワーク」のそれぞれの性質を検討しようとするためのものです。多くの PART の図版で選ばれる人は，多くの心理的機能で重視されていることを意味します。それはどのようなことであるかを，友だち型と母親型を例に検討してみましょう。

友だち型の回答　前述のとおり，表 2-1 の友だち型の B さんは，その中心となる友だちに，心の安定を支える心理的機能 2 と心理的機能 3 までをも果たしてほしいと答えています。幼児の友だちにそのような役割が果たせるものでしょうか。

そこで，3.5 ～ 8 歳の 6 時点で友だちをもっとも多くあげて友だち型であると特定された子どものべ 63 人が，心理的機能 2 と心理的機能 3（表 1-2 参照）で実際に友だちを指名していたかを調べてみました。心理的機能 2 と心理的機能 3 に該当する計 6 枚の図版のうちの半数，つまり，少なくとも 3 枚で友だちではなく，親（母親，あるいは，母と父）をあげた子どもは約 20 人（うち女児が 8 人），つまり，3 分の 1 でした。この子どもたちが母親か両親をあげたのはいずれも「悲しいことがあった時に一緒にいてほしい」という図版での「重要な人」としてでした。しかし，友だち型の残りの 3 分の 2 の子どもは，心理的機能 2 と心理的機能 3 でも確かに友だちをあげていました。これが幼児の回答であるとは信じがたいかもしれませんが，事実なのです。このような友だち型の子どもは発達上で問題が起こらないのか，友だち型になるのにはどのような要因がかかわっているのかについては，主に 4 ～ 5 章で検討します。

一番好きな人　本研究では PART とは別の SCT（1 章の注 1 参照）の調査で，母親型と友だち型の子どもがそれぞれ母親と友だちへの気持ちの違いを報告するかを確かめてみました。すなわち，SCT の面接調査の中で「一番好きな人はだれですか」「お母さんは好きですか」「お父さんは好きですか」などと身近な人々への気持ちを尋ねてみました。

3.5 ～ 8 歳までに母親型と判定されたのべ 69 人の子どものうち，6 歳時点で男児の 1 人が母親を「嫌いだ」と答えましたが，残りの子どもは，母親を「好き」だといい，「一番好きな人」として，80% の子どもが母親をあげました。

これに対して友だち型では3.5〜8歳の時点でのべ63人のうち，母親が「嫌い」と答えたのは3.5歳時の女児と男児の2人で，「わからない」と答えたのが5歳時の男児の1人でした。そして，友だち型の子どもでは「一番好きな人」では88%の子どもが友だちをあげました。このような検討をしてみても，明らかに，3.5〜8歳という時期でも，母親型と友だち型のそれぞれがつくっている「愛情のネットワーク」の内容には確かな違いがあることがわかります。

　「ママは嫌い」という子ども　母親が誕生から手塩にかけて育児をしてきても，1，2割の乳児は母親以外の人，たとえば，父親や祖母を「特別な人」（つまり，愛着の対象）として選ぶと報告されています。つまり，初めの主要な対象として必ず母親が選ばれるかというとそうでもないのです。一所懸命に育児をしてきた母親は，選ばれるのが「なぜ自分ではないのか」「私のどこが悪いのか」「たいして世話をしていない父親のほうが好きだなんてひどい」などと心を痛め，悩みを育児相談で吐露します。

　しかし，それぞれの子どもが自分を取り巻いている人々の中から心理的機能のそれぞれを充たしてほしい人を選んでいるとすれば，子どもによって「愛情のネットワーク」の内容には差がみられるのは当然のことで，母親以外の誰かをたよりにする子どもがいても直ちに問題だとはいえないでしょう。

　では，どのような事情がある時に，主な養育者である母親をもっとも重要な人だと選ばないのでしょうか。まして，母親を「嫌い」というのはなぜでしょう。この問題は，人間関係になぜ個人差が生まれるのかを理解するうえでも興味深い問いのひとつです。これについては5章で検討します。

3. 「愛情のネットワーク」の6年間の軌跡

PARTによる縦断的追跡

　対象の選択の連続・不連続　ここまで，それぞれの時点での子どもの「愛情のネットワーク」の内容をみてきました。この縦断研究では，一人ひとりの子どもの3.5〜8歳までの6時点でPARTによる測定を繰り返しました。6時点での母親，父親，友だち，一匹狼傾向の選択の相関によって，子どもがこの4

表 2-2a ～ 2d　3.5 ～ 8 歳の母親，父親，友だち，一匹狼傾向の選択数の関連

2a. 母親

	4歳	5歳	6歳	7歳	8歳
3.5歳					
4歳	—				
5歳		—	*	*	
6歳			—	*	*
7歳				—	*

2b. 父親

	4歳	5歳	6歳	7歳	8歳
3.5歳					
4歳	—	*	*	*	*
5歳		—	*	*	*
6歳			—	*	*
7歳				—	*

2c. 友だち

	4歳	5歳	6歳	7歳	8歳
3.5歳			*	*	*
4歳	—	*	*		
5歳		—	*	*	
6歳			—	*	*
7歳				—	*

2d. 一匹狼傾向

	4歳	5歳	6歳	7歳	8歳
3.5歳			*	*	*
4歳	—	*	*		
5歳		—		*	
6歳					*
7歳				—	*

＊は相関が $p < 0.1$，あるいは，$p < 0.5$ で有意であることを示す。

種についてどの程度連続して回答したかを，表 2 の 2a から 2d に示しました。表の＊の印は同じ対象の選択が確かに続いていたことを示しています。ただし，友だちが誰であるかは変動していますので，友だちの場合には友だちというカテゴリの仲間をあげたことを意味しています。

　表に見るように，もっとも早い時期から選び方が安定するのは父親であり，そして，友だちであることがわかります。すでにみたように父親を愛情の対象として選ぶ子どもは少ないのですが，父親を選ぶ傾向自体は 4 歳からは安定しているといえます。そして，次に，非家族である友だちを愛情要求の対象として選ぶ傾向はもっとも早く，3.5 歳から一貫性がみられることが明らかになりました。「お父さん子」や「友だちが好き」という傾向は，4 歳頃には決まるということのようです。これらに対して，母親を選ぶ傾向は 5 歳からは安定してきますが，それ以前は変動しやすいことがわかります。そして，一匹狼傾向はもっとも一貫性が低く，4 歳くらいから連続する傾向を示し，6 歳くらいから選択する傾向が一貫してきます。

　類型の連続と変動　次に，子どもの「愛情のネットワーク」は一貫して同じ類型であったのか，変動があったのか，変動はどのようなものであったのかを検討することにします。縦断研究の子どもの協力者 65 人のうち，6 時点の PART の測定を欠けることなくできた子どもは 52 人でした。測定が一度できなかった子どもが 7 人，二度欠けた子どもが 6 人でした。

　図 2-5 は類型の 6 回の測定の経過をまとめたものです。経過を次のように検討してみましょう。まず，母親型，父親型，両親型，そして，祖父型など家

族を中心とする類型を合わせた家族型群か，非家族型群かに分けてみます。ただし，本研究では非家族型はすべて友だち型です。その際，多焦点型は中心となる対象を吟味している状態にあるととらえ，型の変動の検討には含めないことにしました。その結果，図2-5に示したような6群になりました。すなわち，「一貫して家族型」「一貫して友だち型」「家族型から友だち型に変化」「友だち型から家族型に変化」「変動群」「一匹狼型」です。

　男女を合計した全体の帯グラフを見てみます。6回のうち少なくとも4回の測定で，常に家族型であった子どもは40%でした。このうち3.5〜8歳まで一貫して母親型であった子どもは1人（女児）でした。そして，一貫して友だち型の子どもは約9%でした。したがって，合わせて約半数の子どもが3.5〜8歳まで，家族型か，友だち型かに分類され，類型に連続性がみられました。

　次に，類型が変動した子どもに注目してみます。6回の測定での変動が家族型から友だち型へと変動した子どもが約14%，逆に，友だち型から家族型へと変動した子どもが約6%でした。私たちの社会では子どもは成長するにつれて友だち関係が発達することが期待されていますので，前者の変動のほうが多いことは理解できます。そして，家族型から友だち型へという変動が小学校入学後に起こったのは，約14%でした。また，家族型と友だち型へという変動が2回以上みられた変動群は，約19%でした。最後に，6回の測定で一度でも一匹狼型と分類された子どもを一匹狼型としてまとめました。これは男児に

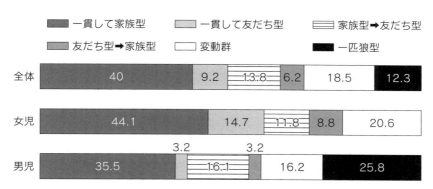

図2-5　3.5〜8歳の6回の測定での「愛情のネットワーク」の類型の連続と変動
　　　（数値は%）

のみ8人いました。

　次に，類型の連続と変動についての性による差を検討したところ，非家族型が女児に多く，一匹狼型が男児にだけみられたという2点についてだけ，性差があることがわかりました。

　一匹狼型の子どもの回答　いずれかの時期に一度でも一匹狼型と判定された子どもが男児にのみ8人いました。1時点（3.5，4，5，7，8歳時点でのいずれかで一度）が6人，2時点（6歳と8歳）が1人，3時点（4，5，6歳時点）で1人が，一匹狼型と特定されました。6回の測定のすべてで一貫して一匹狼型と判定された子どもはいませんでした。しかし，一匹狼型と特定された子どもは，どの時点においても心理的機能2と心理的機能3について，数枚の図版で「ひとりがいい」「だれでもいい」「わからない」などと答えていることがわかりました。そして，「誰がもっとも好きですか」という質問に対して，のべ11人の一匹狼型の子どもは誰ひとりとして「母親」とは答えず，11人中7人はそれが「友だち」だといいました。祖父，祖母，きょうだいをあげた子どもがそれぞれ1人ずつ，そして，この質問にも「だれもいない」と答えた子どもが1人いました。また，「母親が好きか」という別の質問に対して，3時点と2時点で一匹狼型と分類された2人の男児は，一貫して「嫌い」と答えました。

4.　まとめ

　3.5～8歳の間の子どもが「重要な人々」とつながっている様子，すなわち，「愛情のネットワーク」の内容を，子どもに聞くという方法で追跡したデータを分析しました。その結果を4点にまとめておきます。

　(1)　子どもも「愛情のネットワーク」をつくる　子どもは少なくとも3.5歳になると，自分の周囲の人々の自分にとっての重要さの内容と気持ちの強さを区別し，そのなかから自分にとって必要な複数の人々を選び，愛情のやりとりをする「愛情のネットワーク」を確かにつくっていると考えられました。この「愛情のネットワーク」を使って，幼児はまわりの人々とつながり，必要な対人行動をしているといえます。

　(2)　「愛情のネットワーク」には個人差がある　子どもがそれぞれ自分の

「愛情のネットワーク」をつくるため，その内容には個人差が認められます。家族型（母親，両親，あるいは，父親に，存在を支える心理的機能を含め多くの機能を割り振っている型），友だちをそのような中心的な対象として選んでいる友だち型，中心になる人が誰であるかを決めていない多焦点型，そして，人間への関心が弱い男児にみられる一匹狼型，主にはこれらの4種類の類型が区別できました。

（3）**「愛情のネットワーク」には性差がある**　男児に比べて女児は，3.5歳から人間関係がより活発で多種類の人とつながり，とくに，友だちをより多くもつことがわかりました。これに対して，男児は母親とより強くつながり，母親型，両親型が友だち型よりも多くみられました。

（4）**「愛情のネットワーク」の連続・不連続**　この縦断研究は3.5～8歳までの調査であるところから，6時点の「愛情のネットワーク」を縦断的に検討できました。約半数の子どもには，家族が中心の家族型か，あるいは，非家族である友だちが中心の友だち型かを一貫して示すという連続性がみられました。そして，残りの半数の子どもは，家族型と友だち型との間を変動しました。6時点をとおして一匹狼型である子どもはいませんでしたが，6時点で一度以上一匹狼型と判定された子どもが65人中8人いて，すべて男児でした。

引用文献
高橋惠子（2010）．人間関係の心理学——愛情のネットワークの生涯発達　東京大学出版会

3 章

幼児の心の発達

　子どもの3.5歳から8歳までの発達が，何によって，どのようになされるのかを，縦断的に調べようとするのが本研究です。2章ではPART（1章参照）を使って，それぞれの子どもの人間関係，「愛情のネットワーク」の発達について述べました。幼児でも一人ひとりの人間関係が異なることをみてきました。この「愛情のネットワーク」の内容に，子どもの社会・情動的な，あるいは認知的な発達はどのように影響するのでしょう。

　本章では，これまでの内外の心理学が有効であるとしてきた多くの幼児の発達の測定法の中から，私たちが人間関係の発達との関連をみるのにふさわしいとして選んだ方法と，それによって明らかになった子どもの発達について述べます。3.5歳から一所懸命に調査に応じてくれた子どもたちの発達は，それぞれに個性的で変化に富んだものであることを知ることになるでしょう。

1. 発達を測定する

発達の測定法

　心理学は調査や検査，あるいは，実験や行動の観察などによって証拠を集めて，人間の心の発達が順調であるかどうかを確かめてきました。そのなかから，この縦断研究では人間関係の発達にかかわること，そして，子ども自身が報告する方法であることを重視して，表3-1に示した測定法を選び，子どもが発達する様子を調べることにしました。

53

表 3-1　子どもの発達の測定：調査内容と時期

（ ✓：子どもの報告，○：母親の報告，＋○：母親が参加）

	3.5歳	4歳	5歳	6歳	7歳秋[*1]	8歳秋[*2]
社会・情動的発達						
①生活の質：QOL						✓
②自己の評価					✓	
③母親の識別[*3]	○					
④母親への愛着				✓		
認知的発達						
⑤絵本のあらすじの理解						✓＋○
⑤著者の問いかけの理解						✓＋○
⑥言語発達(PPVT)	✓				✓	
⑦非言語発達(パズル課題)			✓			✓
⑧気質	○					

＊1　小学1年二学期に実施
＊2　小学2年二学期に実施
＊3　母親から3.5歳時に得た回顧データ

　まず，発達において大切であるのは，本人が現在の心の状態を順調だと感じているかどうかであろうと考え，発達の全体の様子を測定（**表 3-1** の①と②）しました。さらに，人間の発達の中心である人間関係の開始が着実になされているか（③と④）を検討しました。そして，人間に特有であり重要でもある言葉の理解力を，母親との絵本の共同読みの実験的場面を設定して（⑤）調べ，さらに，発達の基礎となる言語発達と非言語発達（⑥と⑦）を測定しました。生得的な傾向が強いとされる気質（⑧）は母親に報告してもらいました。

　これらの測定と実験的観察の時期は，**表 3-1** に示したように配分しました。縦断研究であることから，発達の連続性を調べる測度については，時間をおいて繰り返し同じ調査を実施し（⑥と⑦），測定が早い時期のほうがよいもの（③と⑧）は調査の初めの 3.5 歳時点で実施し，発達の全体の様子については最終段階の 7 歳（②）と 8 歳（①）時点でというように，可能なかぎりそれぞれを調べる最適な時期を選んで，子どもと母親に協力してもらいました。

2. 社会・情動的発達

「生活の質」の測定

　「生活の質」とは　子どもの心身の発達が順調であるかについての測度として注目したのは，子どもの日々の生活が順調であるかを判断する「生活の質：QOL（Quality of Life の略，以下では QOL）」という概念です。QOL とは，満足な生活ができていると本人が感じているかどうかを調査するものです。

　現在広く使われている QOL の定義は，WHO（World Health Organization, 世界保健機関）によるものです[注1]。これによると QOL とは「個人が生活する文化や価値観のもとで，目標や期待，および，基準や関心に関連する自分の人生の状況についての認識」を指すとされています。つまり，自分が暮らしている社会の中で，順調に生活できているかについての本人の評価をいいます。QOL については，これまで臨床の現場（心身の健康を扱う病院や心理相談所などの治療やケア，あるいは，指導や教育の現場）を含めて多くの研究がなされ，WHOQOL 尺度（田崎・中根，1998）など測定法も提案されてきました。

　そのなかから本研究では，健康な子どもにも使えるようにと開発された KINDL^R QOL 尺度（Ravens-Sieberer & Bullinger, 1998）に注目しました。さいわい，この尺度の日本語版も完成していました（柴田ほか，2003）。そこで，この縦断研究では，調査の最後の 8 歳時点（小学 2 年生）の秋に，この QOL 尺度の小学生版を使って，子ども自身に生活全体の様子を尋ねてみることにしました。研究をとおして発達を見せてもらってきた子どもたちが，それぞれ精神的に健康で日々の生活に満足しているかを調べることにしたものです。

　子どもの QOL の報告　本研究で使用した尺度は「小学生版 QOL 尺度（Kid-KINDL^R）」です。この尺度は，6 つの下位領域に分かれています。a. 身体的健康（たとえば，病気だとおもった，など），b. 精神的健康（楽しかったし，たくさんわらった，など），c. 自尊感情（自分に自信があった，など），d. 家族（お父さんやお母さんと，なかよくしていた，など），e. 友だち（友だちといっしょに，あそんだ，など），f. 学校生活（授業はたのしかった，など）

で，それぞれに例示したような項目が4つずつ，合計24項目で構成されています。子どもに「この1週間くらいのことを思い出して答えてください」として，各項目について，「ぜんぜんない」(1点)～「いつも」(5点)の5段階で，各項目の内容がどの程度自分にあてはまっているかを答えてもらいます。そして，6領域のそれぞれの領域得点と24項目を合計した総得点をだし，それぞれを0～100に換算してQOL得点としました[注2]。

図3-1に，本研究の子どものQOL総得点と下位6領域の各得点，そして，比較のために日本全国で集めた小学2年生のそれぞれの得点（柴田ほか，2014）とを示しました。この縦断研究の子どものQOL得点を，日本全国から集めた2年生755人の平均点と比べてみたところ，下位の家族得点と友だち得点が統計的にみるとより高いことがわかりました。また，本研究の子どもでは，全国調査や欧州の子どもではみられなかった，性別による得点差がみられました。女児が，総得点と家族，そして，友だちの下位2得点で，男児より得点が高いことがわかりました。加えて，オランダやフィンランドの子どもに比べて日本の子どもでは低いとされる自尊感情得点も高いことが明らかになりま

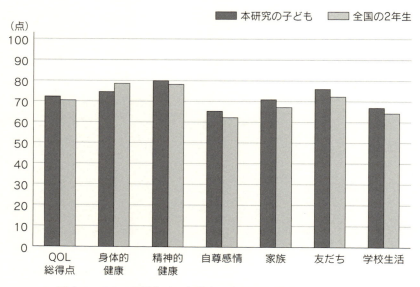

図3-1　QOLの得点（8歳時点と全国の小学2年生の得点）

した（曽根，2008; Tsuboi et al., 2012）。

自己についての評価

自己とは何か　自己とは「自分がどのような人であるか」について，本人がもっている知識のことをいいます。この自分についての知識は，1歳の後半には確実にもち始めるという証拠が集められています。この事実を，心理学ではさまざまな実験や観察によって確かめてきました（Lewis & Brooks-Gunn, 1979; 山田，1982）。

1歳の後半には，鏡に映る自分がそれとわかり，しかも，自分は鏡の中にではなく鏡の前に立っていることがわかるようになります。また，自分には固有の名前があることを知って名前を呼ばれるとこたえたり，「○○ちゃんの（もの）」「○○ちゃんが（やりたい）」などと自分の名前を入れて自分を主張したりします。これらは，自己の座ともいえる自分の身体が発見され，自分についての知識が獲得され始めていることを示しています。また，2歳児と母親との会話を分析した研究では，幼児は自分がその日に体験したさまざまなエピソード，たとえば，その日の保育所でのできごとなどを，明らかに記憶していることが報告されています。自分の経験を記憶する作業によって，経験を自分のものとし，経験をとおして自分とはどのような人であるかについての知識を得ることになります。さらに自己が積極的に働いていることを示すのは，2，3歳児にみられる「イヤイヤ」をさかんにいう現象です。この時期には，子どもは自分が，何を，どうしたいかを強く主張します。このように，2歳前後から幼児は生活の中での体験，また，周囲の人々との交渉をとおして，自分についての知識，すなわち，自己を明確にしていくのだと考えられます。

自己の評価の測定　本研究では，子どもが自己をどのように評価するかをとらえてみたいと考えました。そこで，子どもが口頭で自分について報告できる時期を考えて，小学1年生の秋に，ひとりずつ面接をして，自己の評価を調べることにしました。自己の面接で使った質問は，米国の先駆的な研究（Cassidy, 1988）をもとに日本の子どもでの検討を加えて提案された（飯沼，1992）ものです。

質問項目は「○○ちゃん（子どもの名前を入れる）は，自分のことが好きで

すか」「○○ちゃんは，悪い子になったことはないですか」「○○ちゃんは大切な子ですか」などの7項目で尋ね，それぞれの項目について，そのように考える根拠も「どうしてそう思うのですか」と尋ねながら，子どもが自分自身を肯定している程度を3段階（3，2，1点）で評定しました。7項目のそれぞれの平均値は図3-2に示したとおり，いずれの項目も高い得点になりました。とくに，自分は"大切な子である"という子どもの自信が平均2.8点で高いことが注目されました。

5，6歳児に自己についての面接をした飯沼（1992）は，「あなたは大切な子ですか」という質問は幼児には難しいのではないかという心配が杞憂であったと報告しています。なぜ大切だと思うのかと子どもにその根拠を聞くと，「そうだよ，パパがいつもそういうよ」「ママがいうから」といって，幼児たちが当然だと胸を張ったからです。親の気持ちが言葉によって表現されて子どもに伝わり，確かな自信を育てる支えになっていることがわかりました。

7項目を合計した自己評価の合計点は7～21点に分布することになりますが，調査結果の平均は16.8点でした。最低は10点（2人）で，最高点は満点の21点（8人）でした。なお，自己評価の得点については性差はありませんでした。この自己の評価の総得点は，前述のQOLの総得点と下位領域の家族得点との間に関連がみられました。自己の評価が高いことと生活の質の高さには関連があるということです。納得できる結果です。

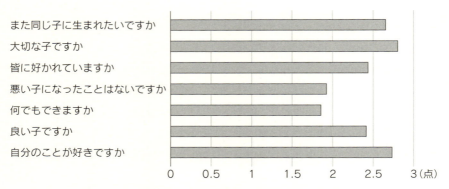

図3-2　自己についての質問項目と評定結果（7歳時点）

母親の識別と母親への愛着

　前述のように，子どもは1歳後半には自分の身体の存在を確信しているようであり，それをもとにして，環境の中の自分を識別（見分けること）していくと考えられます。では，まわりの人々についての子どもの識別の発達はどのようなものでしょうか。これは社会の中で生活する子どもにとっては，必須な能力のひとつだといえましょう。

　1歳時点の母親の識別　私たちが子どもに会い始めたのは3.5歳の時点であることから，まわりの人間についての初めの識別の様子は，母親に面接の中で尋ねることにしました。したがって，このデータには，母親の回顧的な報告（過去を思い出して報告するもので，記憶違いなどによる歪みは避けられない）であるという限界があります。

　3.5歳時点の面接の中で，子どもが1歳の誕生日の頃のことを思い出してくださいとして，母親がほかの人々から区別されていたかを知るために，次のような5項目の質問をしました。それは，「お母さんが見えなくなるとすぐに泣きましたか」「お母さんの後を追いましたか」「泣いているときに誰が抱くと，もっともはやく泣きやみましたか」「お母さんとお父さんとでは，どちらの後をより追いましたか」「1歳の誕生日のころ，誰がもっとも好きだったと思いますか」です。これらの項目は，1歳の誕生の頃に，乳児が「特別に大切な人」を決めている時に見られる行動だとされてきたものです。母親の報告から，母親がほかの人と明確に区別されていたことを示す項目数を数えてみました。満点は5点になります。

　その結果，平均は3.6点でした。最小値は0点（3人）で最大値は5点（21人）でした。つまり，多くの子どもは，1歳時点には母親をほかの人と明確に区別している様子を見せていたと報告されましたが，母親を特別の人だと識別していなかったとされた子どもが3人（うち女児が2人）いました。関連するデータをみたところ，この3人は1歳時に発達が遅れていたということではなく，母親よりもほかの人（父親，あるいは，祖母）により関心をもっていたことがわかりました。

　愛着の測定　6歳時点で，子どもが母親を自分にとってどのような存在であると認識しているかを，愛着の質によって測定することにしました。

愛着とは，ヒトが生き延びるために安全・安心を確保しようと，強く賢い（英語では，stronger and wiser）他人（子どもにとって特別に重要な人）に，庇護を求めることをいいます。これは，人類が進化の過程で生存のために獲得してきた性質で，人間は生涯愛着をもつと考えられています。つまり，人は生き延びるために，周囲の人に擁護を求める能力をもって生まれます。そして，母親が主な養育者であるような環境で育てば，多くの乳児は，生後1年くらいたつと母親が愛着の有効な相手だと認識するようになります。

　乳児の愛着の研究では，愛着をみるために特別に考案された実験手続きを用いて，乳児の母親に対する行動を観察してきました。その結果，どの文化でも約60〜70%の乳児が母親に対して安定した愛着を示すこと，そして，残りの乳児の多くは十分には安定していないが母親に愛着行動を見せること，しかし，最後の数パーセントの子どもだけは母親に愛着を向けることを躊躇したり拒否したりすることが報告されています。乳児の母親（主な養育者）への愛着の研究は世界の多くの地域でなされ，このような結果を見出しています（高橋，2019）。

　しかし，この愛着の質を測定する実験手続きは2歳くらいまでにしか使えません。2歳くらいから，子どもは自分の気持ちを抑えるための言語能力（たとえば，ママ，ママと言葉にだすことで，泣くのをしばらくなら我慢できる）や母親の姿を頭に描く表象能力が使えるようになり，母親を思い出して我慢したりします。したがって，表現された行動から子どもの心の状態を推察することが難しくなります。そのため，2，3歳以降の愛着の測定法がいろいろ提案されています。幼児から成人まで愛着の測定法がそれぞれ考案されているのです。

　ドールプレイによる愛着の測定　この縦断研究で用いたドールプレイによる愛着の測定法は，幼児・児童用に提案されたもののひとつです。ドールプレイとは，直接は表現されにくい心の状態を人形を使ったストーリーで表現してもらい，それによって心の状態を理解しようとする方法です。

　米国のジョージらは「ドールプレイによる愛着の測定法」（George & Solomon, 1990, 1996, 2000）」を開発して，4〜9歳の子どもの愛着をドールプレイによって測定することにしました。この方法では，愛着が表現されやすい三つの場面（①主人公の子どもが庭の岩から落ちて，膝にけがをして大声で両親に

助けを求める，②寝室にお化けがいて，子どもが両親に助けを求める，③両親が子どもをベビーシッターに託して車で外出し，一泊して帰宅する）が設定されます。子どもに三つの場面の一つずつについて状況を説明し，続いて何が起こるかをドールプレイで「やってみせて」と促します。三つの場面は，①②③の順で実施されます。

　三つの場面で共通に使用した道具は図3-3に見るような，小さな数個の人形（約10センチ丈の主人公の子どもの人形，母親と父親の人形，ベビーシッター用の人形，子どもの人形，赤ちゃんの人形）と平らな板（一辺75センチの正方形）の上にのり付けされた家具（テーブル，椅子，ソファ，テレビ，ベッド，台所のセット），小道具（ほうき，なべ，おもちゃ），場面①のための庭の岩（写真の左上の張子の岩），そして，場面③のための車です。これらの道具は，ジョージらの手引書にしたがって，各研究者がそろえることになって

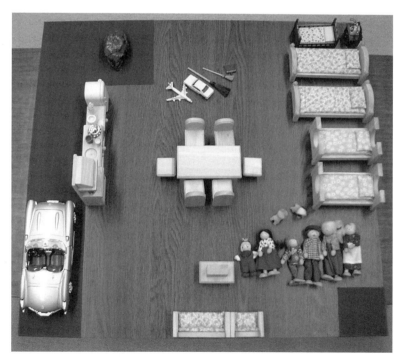

図3-3　愛着のドールプレイで使用した人形と道具・設備

います。本研究では多くを木製玩具の店でそろえました。これを使って，子どもはひとりで実験者から説明を受けながら作業をします。ドールプレイの様子はビデオで記録し，後に考案者のジョージらの分析手引きにしたがって，子どもの行動や発話を文字で表現した記録をつくり，子どもの愛着の質を判定します。三つの場面はそれぞれ3〜5分間で実施されます。なお，この「愛着のドールプレイ法」が日本の幼児に使えるかどうかの検討はすでになされています（山川，2006）。

「ドールプレイによる愛着の測定法」では，愛着がテーマになりやすいとして選ばれた場面で，子どもが躊躇することなく，明らかに愛着の対象（多くの場合，母親）に愛着行動を向け，その人（多くの場合，母親）がそれにすぐに応じるというストーリーをつくるかどうかで，愛着の質が判断されます。すなわち，四種類の愛着（安定した愛着の安定型，不安定であるが愛着は示しているアンビバレント型と回避型の二つの型，そして，だれにも愛着行動を示さないだけではなく，奇声をあげたり，混乱や理解しがたい行動を見せる無秩序型）が判断されます。本研究の子どもの四つの型の出現率は，安定型が24.6%，不安定型はそれぞれ36.9%と29.2%，そして，無秩序型は9.2%でした。前述の乳児期に比べ安定型の割合が少ないのですが，これはこのドールプレイ法による測定で広くみられる傾向で，この点についての研究者たちの議論が続いています[注3]。

現在の愛着の研究では無秩序型の子どもの発達上の問題が心配されています。そこで，本研究でも，無秩序型の子どもの発達に注目してみましょう。

まず，8歳時点でのQOLの得点をみると，無秩序型の子どもは，精神的健康と家族の二つの下位領域の得点が愛着のほかの類型の子どもよりも低い傾向がみられました。また，無秩序型の子どもは3.5歳の語彙テスト，5歳と8歳のパズル課題，そして，次に述べる8歳での絵本の理解が，ほかの類型の子どもよりも低い傾向がみられました。一方，母親が報告した1歳時点での母親の識別の平均点は4類型の中で最も高い，つまり，母親をほかの人と区別して関心を向けていたと報告され，さらに，7歳時点での自己の評価についてもほかの類型に比べ平均値が高いことが注目されました。

つまり，無秩序型の子どもは他人や自己についての認識は優れているもの

の，QOL については問題があると子ども自身が報告し，そして，認知的発達の得点では低いものがあるという特徴がみられました。なお，愛着のほかの三類型間には一貫した発達の差はみられませんでした。

3. 認知的発達

絵本を読み，理解する能力

子どもの言語発達の状態を知るために，絵本を読み，著者のメッセージを理解するという方法で調べてみました。母親と一緒に絵本を読むという場面を実験的につくって，子どもがどのような能力を見せるか，そして，それは母子間の交渉のどのような特徴と関連しているかを，QOL の測定と同じ 8 歳時点，小学 2 年生の二学期に調べました。

母と子が一緒に本を読む 母子が一冊の本を一緒に読む場面を設定して，子どもが絵本の内容をどのように理解するか，そして，その間の母子のやりとりを観察して，母親の行動が子どもの絵本の読み・理解にどのように関連するかを検討することにしました。そのために，小学 2 年生がひとりで読むにはやや難しいと思われる絵本を選んで，母子が協力して本を読む場面を設けました。子どもの読解能力は，「本のあらすじの理解」と「著者の問いかけの理解」についての二点を評価しました。

取り上げた絵本は，米国で 1964 年に出版された『おおきな木』（Silverstein 作。原作の書名は"The Giving Tree"）です。実験では本田錦一郎の訳した版（1976 年，篠崎書林刊行）を使いました[注4]。この絵本は，小学 2 年生には文字数の多いページがあり，そして，著者は「犠牲」ではない真の「愛」を伝えようとしているのだ，という訳者の解釈が込められていて，2 年生がひとりで読んで理解するには難しいであろうと思われるものです。訳者の本田は，この絵本のあとがきで彼の解釈を記しています。すなわち，原作者のシルヴァスタインは木の「『与える』行為に，犠牲の行為を見てはならない」「『犠牲』ならぬ真の『愛』」を伝えたいのだと，書いています。ここで本田が引用しているのは，ドイツの哲学者エーリッヒ・フロムが著書『愛するということ』において説いたものです。すなわち，「愛は何よりも与えることであり」「与えると

は何かをあきらめること，剥ぎ取られること，犠牲になることではない」，そして，愛とは，「愛する者の生命と成長を積極的に気にかけること」だというものです（フロム，1956 鈴木訳 2020；訳書 pp. 41-47）。

『おおきな木』は大きな林檎の木と仲良しの子どもとの生涯にわたる物語です。林檎の木は子どもを喜ばせようと，子どもが老人になるまでの間に，自分の木の葉，果実，枝，幹を次々に与え，ついに切り株だけになってしまいます。そして，林檎の木は，今は年老いて戻ってきた子どもに，切り株に腰掛けるようにすすめます。男はそれにしたがって，切り株にすわります。絵本は，「きは　それで　うれしかった。」で，終わります。本田の訳は，林檎の木が喜んですべてを与えるという仲良しの子どもへの無償の愛と，幼い子どもが成長し年老いていく寂しさとを，考えさせるものになっています。私たちの実験では，母子が一緒にこの本を読み，子どもの理解がどの程度深まるかを調べることをねらいとしました。

母子の共同読書の結果　実験の初めに，母子で好きなやり方で読んでもらうこと，読み終わったら，子どもにどのような話だったか尋ねてもらうことを伝えました。絵本を読む時間は最大 7 分としましたが，すべての母子が制限時間内に読み終えました。51% の子どもが自分で黙読か音読をし，27% が母子で音読し，残りの 22% は母親が読み聞かせをしました。女児のほうがひとりで読む子どもが多いこと（女児は 69%，男児は 34%）が，統計的にも確かめられました。

読み終わってから「どういうお話だったかを，お子さんに聞いてみてください。お母さまが必要だと思われる時には，一緒に考えてください」と再度伝え，「本のあらすじの理解」を調べました。そして，「著者の問いかけの理解」をみるために，絵本の中から図 3-4「じぶんのいえをたてるため　みんなもっていってしまった」の場面をカードにしたものを見せて，「この場面で，木がどのような気持ちだったかを，お子さんに聞いてみてください。お母さまが必要だと思われる時には，一緒に考えてくださってかまいません。」と伝えました。

母子の行動のすべてを母子の許可を得てビデオで記録し，後に録画をもとに二人の発話のすべてを文字化してデータとし，そこから「絵本のあらすじの理

64

解」と「著者の問いかけの理解」についてまとめました。加えて，映像と発話の記録から，母子の相互交渉における母親の行動の特徴を分析しました。この母親の行動の性質については，次の4章で紹介することにします。

「絵本のあらすじの理解」では，あらすじを八つに分け，子どもが八つのそれぞれの筋をどのように述べたかを，3段階，すなわち2（要素を二つ以上あげて述べる），1（要素を一つだけあげて述べる），0（あらすじを述べない）に区別して得点化しました。したがって，絵本のあらすじの理解は0〜16点に分布することになります。子どもの絵本のあらすじの理解を集計してみたとこ

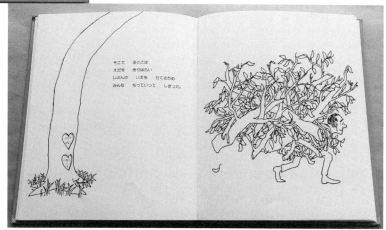

図3-4　本の表紙と「そこで　おとこは　えだを　きりはらい　じぶんの　いえを　たてるため　みんな　もっていって　しまった。」の場面の頁

（『おおきな木』シルヴァスタイン作，本田錦一郎訳，1976年刊）

ろ16点満点のところ平均は8.6点になりました。子どもの得点は1点から15点までに分布し，女児のほうがよく理解していることが統計的にも明らかでした（平均は女児が10.2点，男児が7.3点）。

「著者の問いかけの理解」については，子どもが林檎の木の気持ちを推察できるか，すなわち，木の子どもへの無償の愛と，おとなになり，そして，老いていく子どもを見る木の寂しさについて，図3-4のページのコピーを見せて尋ねました。そして，子どもの理解を5段階で判断しました。「木の無償の愛」と「木の寂しさ」について，5（二つとも感情語，かなしいなどの感情の状態や泣くなどの感情の表出をあらわす言葉を使って説明する），4（一つだけ感情語を使って説明する），3（二つを述べるが，感情語は使わずに事実だけをいう），2（一つを述べるが，感情語は使わない），1（二つのどれにも言及しない），として得点化したところ，5点満点で平均は2.3点になりました。予想されることですが，「絵本のあらすじの理解」と「著者の問いかけの理解」の得点には高い関連がみられました。そして，この本の趣旨の理解でも，女児のほうが成績がよいこと（女児が2.9点，男児は1.8点）が確かめられました。

言語発達と非言語発達

　　言語発達　単語の理解の程度，語彙能力を，3.5歳時点と7歳（小学1年の二学期）時点で調べました。使ったテストはPPVT（ピーボディ絵画語彙検査）と呼ばれるものです。このテストは米国で作成され広く使われているもので，その日本版（永野，1974）を使用しました。四つの絵が描いてある図版を1枚ずつ見せて，検査者がいう単語や動作，たとえば，「犬はどれですか」「滑るはどれですか」などという問いに対して，示された図版の四つの絵から該当するひとつを選んで答えるというテストです。指差しで応えてもよいとされ，2.5歳児から18歳まで使えます。連続する8問中6問が不正解になると検査は終了し，そこまでの正解の数を語彙理解の得点にします。

　　本研究の子どもの得点は，平均値でみると，3.5歳時点の日本のほかの研究の結果（たとえば，東ほか，1981）に比べてやや高いことがわかりました。そして，両時期ともに，女児の得点が男児よりも高く，とくに3.5歳時点での性差は統計的にも有意であることが確かめられました。また，7歳時点の語彙検

査の成績とはごく弱い関連しかみられませんでした。

この語彙検査の成績が絵本の理解に関連するかをみたところ，3.5歳時点の語彙能力の成績は8歳時点での「著者の問いかけの理解」の成績とのみ弱い関連があることがわかりました。また，7歳時点での語彙検査の成績は，1年後の「絵本のあらすじの理解」とのみごく弱い関連を示しました。このように，語彙検査の成績は5年後，そして，1年後の絵本の理解とわずかな関連を示していることがわかりましたが，より幼い時期の語彙能力がこの種の能力に決定的な影響を及ぼすわけではないといえます。

パズル課題　さらに子どもの基礎能力の測定として，非言語能力の発達もみておくことにしました。5歳と8歳の秋に，図3-5のようなパズルの完成した花の図版を示して，わたされたパズルの小片（42枚）を組み合わせて同じ花をつくるという課題に取り組んでもらいました。課題は母親が同席する場面で行い，母親にはできるだけ子どもが自分で挑戦するように，しかし，必要だと

図 3-5　パズルの完成図（8歳時点）
計42枚の正方形の小片を組み合わせて完成図（オレンジと黄色の花びら，緑の葉，青の背景）をつくるパズル。

思う時や子どもが望む時には手を貸してよいという方法で実施しました。制限時間は5分としました。作業の様子は母子の許可を得てビデオで記録し，後に文字化して分析しました。子どもの成績は完成図のとおりに置かれた小片の数を得点としました。ほかの課題や面接では気乗りがしない様子の子どもが，このパズルでは見違えるように張り切ってひとりで課題を仕上げることがあり，手や身体を動かして作業する動作性の課題を得意とする子どもがいるという印象をもちました。

　5歳と8歳の2時点でのパズル課題の成績には関連があり，この種の能力には3年くらいの間をおいてもある程度の連続性がみられることがわかりました。また，この非言語発達と先の言語発達との関連は，3.5歳時の言語と5歳時のパズル，7歳時の言語と8歳時のパズル課題というように，1年，1年半という短い期間の場合にはいくらかの関連があることがわかりました。しかし，このパズルを解く能力と絵本の理解との関連はみられませんでした。

　子どもの気質　この縦断研究では，生得的な行動の特徴である「気質」を測定したいと考えました。気質が，人や環境との相互交渉に影響することが予想されるためです。本研究では調査を開始した3.5歳時点に母親に気質の調査への回答を依頼しました。調査は「現在，あるいは，最近1か月の子どもの様子を思い出して」28項目について，「そういうことは全然ない」〜「いつもそうである」の6段階（1〜6点）で回答するものです。結果を分析して，測定した気質は五つにまとめました。五つとは，a. 活動が活発か緩慢か，b. 注意が集中しやすいか気が散りやすいか，c. 順応しやすいか難しいか，d. 気分が明るいか暗いか，e. 好奇心が強いか弱いかです。

　興味深いことに，子どもの絵本の理解の二種の課題，「絵本のあらすじの理解」と「著者の問いかけの理解」の成績が，母親が報告した子どもの気質のうちの好奇心の強さと有意な関連を示しました。子どもの性別で分けてみたところ，とくに女児ではこの関連が明らかで，統計的にも有意でした。つまり，女児がもっている好奇心の強さが絵本の理解にプラスに働いたということです。なお，気質とその他の本章で紹介してきた子どもの認知的発達との関連は，唯一，活動の活発と5歳でのパズル課題の成績との間に正の関連がみられただけでした。

4. まとめ

この縦断研究での発達の測定結果から，幼児の発達について次の3点を指摘しておきましょう。

（1）**子どもの発達**　本研究に参加した子どもの発達は総じて良好でした。QOLの総得点も下位得点も，ほかの日本のグループの結果に比べてやや高く，欧米の子どもに比べて日本の子どもでは低いといわれてきた自尊感情についても低くはありませんでした。また，自己の評価も明確で，しかも肯定的だといえました。そして，言語能力の測定結果も，平均してほかの日本のグループの結果よりもよいことがわかりました。

（2）**子どもの発達の性差**　子どもの発達には性差がみられました。海外のデータでは性差が報告されていないQOLでも，本研究では総得点，家族と友だちの二つの下位得点で女児が高いという性差がみられました。また，3.5歳時点での言語能力は女児のほうが高く，8歳時点での絵本の読解でも女児がよい結果をみせました。これが音楽教室の生徒であるというサンプルの性質のためであるのか，背後にある日本の性差についての文化の反映であるのか，あるいは，女児が得意とする言語的な課題が多いという測定内容の偏りのせいであるのか，いずれも検討すべき問題です。

（3）**発達の連続・不連続**　発達には連続性があるのか，この問いへの答えは縦断研究にこそ期待されるものでしょう。幼い時に成績がよい子どもはその後の成長の過程でも引き続き成績がよいのか，そして，初期の発達が思わしくない子どもはその傾向が持続してしまうのかという問題です。

これに答えるために，本章での発達のすべての測定結果について，連続・不連続を検討してみました。ただし，本研究では，いくつかの測度で女児の成績が男児に比べてよいという性差があるという結果をふまえて，性別に測度間の相関を計算してみることにしました。

表3-1に示した子どもの3.5歳から8歳までの発達の測定値8種（⑥3.5歳の言語発達，⑦5歳のパズル課題，⑥7歳の言語発達，②7歳の自己の評価，⑦8歳のパズル課題，⑤8歳の「絵本のあらすじの理解」と「著者の問いかけ

の理解」の二種の理解，①8歳の QOL）の間の相関を計算しました。その結果，28個の相関係数[注5]のうち関連があるとされたのは女児で4個，男児では1個であることがわかりました。女児で連続性が認められた4個とは，3.5歳の言語発達と5歳のパズルの成績，8歳の絵本のあらすじの理解，QOL 得点との相関の計3個，そして，7歳の言語発達と8歳のパズル課題の成績との相関の1個でした。つまり，3.5歳時点での言語発達が，後の5歳から8歳の発達と関連していること，そして，7歳の言語発達と8歳の非言語発達とが関連しているというものでした。そして，男児で有意であった1個とは，8歳時の絵本の理解に関する二つの測度間の相関でした。

　このように，3.5歳から8歳までの発達の測定値でみるかぎり「発達には連続性がほとんどみられない」という結果になりました。これは幼児期決定説に代表される，幼少期からの発達の連続性を強調する定説を否定する実証的な証拠になります。この問題については終章で考えてみることにします。

注1）　QOL（Quality of Life）とは，ある人が人間らしい，自分らしい満足な生活を送れているかという「生活の質」を問題にする概念である。この概念は，18世紀後半の産業革命時代に炭鉱労働者の生活水準を扱うものとして使われ始めたとされている。その後，20世紀に入ると医療分野に導入され，がん患者に対する疼痛ケアなどの医学治療の効果・成果を評価する判断基準として使われるようになった。そして，1947年に世界保健機関（WHO; World Health Organization）の健康憲章が「健康とは単に病気や病弱ではないということをさすのではなく，身体的にも精神的にも社会的にも完全に満足のいく状態にあることをいう」としたことから，健康は単に身体的な側面だけではなく，心理的，社会的な側面を含めて考えられるようになり，この状態を表わす概念として QOL が注目されとくに医療分野で発展してきた。医療分野で発展してきた QOL は，社会環境を問題にしてきた QOL とは区別され，健康関連 QOL（health related-QOL）と呼ばれている（武藤，1996; 柴田，2014）。

　　本研究で使用した「小学生版 QOL 尺度（Kid-KINDL[R]）; Assessing Health-Related Quality of Life in Children and Adolescents」は健康関連 QOLであり，WHO の「成人用質問票（WHOQOL）」の開発にかかわった Bullinger

が母国のドイツで，子どもの自己報告による評価尺度として作成したものを発展させたものである。

注2）QOL の項目は肯定的な状態を記述したものと否定的な状態を記述したものとがある。総得点を出すときには，否定的な項目の得点を逆に与えて，つまり，「ぜんぜんない」（5点）～「いつも」（1点）として，得点が高いほど QOL の程度がよいことを示すようにして計算する。6つの下位領域は各4項目で構成されているため得点は 24 ～ 120 点に分布することになる。しかし，本研究は原尺度にならって，総得点と各下位領域得点を満点が 100 点になるように換算した。

注3）愛着の類型の判定は次のようになされる。たとえば，場面（1）の「岩から落ちて子どもが怪我をする」では，安定型は，躊躇なく母親（少数であるが父親など）人形を手に取り庭に運んで，親の人形が子ども本人の人形に「バンドエイド」を貼るというドラマをつくる。アンビバレント型は，親の人形がバンドエイドを探し，「ないわ，買ってきましょう」といってバンドエイドを買いに行く。子どもの人形の愛着行動に応える気持ちはありそうでも，それにすぐには応えない話をつくるという意味で，両面価値的であると判断される。回避型は愛着の話題を避けて，子どもが自分で怪我の手当てをしたり，「本当は怪我をしていなかったの」といって怪我をしたことを否定したりする話をつくる。そして，無秩序型は地震がおこって家族の誰かが死んだり，家族がバラバラに行動して終わる話をつくったりする場合，あるいは，ドールプレイをすること自体を拒否する場合もこの型に分類される。

　幼児の愛着の測定法にはまだ確定したものがなく，内外の研究者が研究に取り組んでいる。本研究で用いたジョージらのドールプレイによる愛着の測定法は代表的なもののひとつである。この方法の特徴は，4～6歳の幼児に使用した場合に安定型の割合が低く出ることである。たとえば，開発者のジョージらによると 19%（Solomon et al., 1995），別の研究では 31%（Venet et al., 2007）であり，私たちのこの縦断研究では 25%，日本のほかの研究では 34%（山川，2006），31%（Katsurada, 2007）などと報告されている。

　このドールプレイ法で4～6歳児を測定すると，なぜ安定型の割合が低くなるのかについての議論はまだ結論をみていない。しかし，ドールプレイ法による幼児の愛着の型の分類と別の愛着の測定法（母親との再会場面での子どもの

行動によって愛着を測定する方法）による分類との間に高い一致がみられていること（79% の一致，Solomon et al., 1995; 73% の一致，山川，2006），また，ドールプレイ法によっても 8 歳になると安定型が 5 ～ 6 割になる（Bureau & Moss, 2010; Dubois-Comtois & Moss, 2008）という報告があることなどから，幼児期には愛着の安定型が減少するのではないかとも考えられる。実際，それを指摘する研究者もいる（たとえば，Crittenden, 2000）。

注4)　本研究で用いた『おおきな木』の本田錦一郎訳は絶版になり，2010 年に村上春樹訳の新版があすなろ書房から出版されている。

注5)　8 つの測度間の相関の個数は，8×8 の 64 個の相関から同じ変数同士の 8 個を除き 2 で割ることになる。したがって，（8×8 − 8）÷ 2 = 28 で 28 個になる。

引用文献

東洋・柏木惠子・R. D. ヘス（1981）．母親の態度・行動と子どもの知的発達　東京大学出版会

Bureau, J., & Moss, E. (2010). Behavioural precursors of attachment representations in middle childhood and links with child social adaptation. *British Journal of Developmental Psychology, 28*, 657-677.

Cassidy, J. (1988). Child-mother attachment and the self in six-year-olds. *Child Development, 59*, 121-134.

Crittenden, P. M. (2000). A dynamic-maturational approach to continuity and change in pattern of attachment. In P. M. Crittenden & A. H. Claussen (Eds.), *The organization of attachment relationships: Maturation, culture, and context* (pp. 343-357). Cambridge University Press.

Dubois-Comtois, K., & Moss, E. (2008). Beyond the dyad: Do family interactions influence children's attachment representations in middle childhood? *Attachment & Human Development, 10*, 415-431.

フロム，E. 鈴木晶（訳）（2020）．愛するということ　紀伊國屋書店　Fromm, E. (1956). *The art of loving*. Harper.

George, C., & Solomon, J. (1990, 1996, 2000). *Six-year attachment doll play classification system*. Unpublished manuscript, Mills College.

飯沼牧子（1992）．幼児の自己概念と自己主張　聖心女子大学卒業論文

Katsurada, E. (2007). Attachment representation of institutionalized children in Japan. *School Psychology International, 28*, 331-345.

Lewis, M., & Brooks-Gunn, J. (1979). *Social cognition and the acquisition of self.* Plenum.

武藤正樹（1996）．QOL の概念の評価と応用　萬代隆・日野原重明（編）医療新次元の創造（pp. 52-60）　メディカルレビュー社

永野重史（1974）．PPVT 日本版による幼児の語彙発達研究　永野他「幼児・児童の発達と教育：教育研究開発に関する調査研究 昭和 48 年度報告書第 2 報（pp. 51-65）

Ravens-Sieberer, U., & Bullinger, M. (1998). Assessing health-related Quality of Life in chronically ill children with the German KINDL: First psychometric and content analytical results. *Quality of Life Research, 7,* 399-407.

柴田玲子（2014）．子どもの QOL・KINDL^R の紹介　古荘純一・柴田玲子・根本芳子・松嵜くみ子（編著）子どもの QOL 尺度 その理解と活用——心身の健康を評価する日本語版 KINDL^R（pp. 1-11）　診断と治療社

柴田玲子・松嵜くみ子・根本芳子（2014）．子どもの健康関連 QOL の測定——KINDL^{R}QOL 尺度の実用化に向けて　聖心女子大学論叢, *122,* 29-52.

柴田玲子・根本芳子・松嵜くみ子・田中大介・川口毅・神田晃・古荘純一・奥山眞紀子・飯倉洋治（2003）．日本における Kid-KINDL^R Questionnaire（小学生版 QOL 尺度）の検討　日本小児科学会誌, *107,* 1514-1520.

シルヴァスタイン, S. 本田錦一郎（訳）（1976）．おおきな木　篠崎書林　Silverstein, S. (1964). *The giving tree.* Harper & Row, Publishers, INC.

Solomon, J., George, C., & De Jong, A. (1995). Children classified as controlling at age six: Evidence of disorganized representational strategies and aggression at home and at school. *Development and Psychopathology, 7,* 447-463.

曽根美恵（2008）．日本とオランダの子どもの QOL 比較　教育と医学, *11,* 1124-1133.

高橋惠子（2019）．子育ての知恵——幼児のための心理学　岩波新書

田崎美弥子・中根允文（1998）．健康関連「生活の質」評価としての WHOQOL　行動計量学, *25,* 76-80.

Tsuboi, H., Matsumoto, M., Keskinen, S., Kivimaki, R., Suzuki, N., Hatanaka, C., Nomura, A., Kaito, K., & Morita, M. (2012). Japanese children's Quality of Life (QOL): A comparison with Finnish children. *Japanese Journal of Child and Adolescent Psychiatry, 53, Supplement,* 14-25.

Venet, M., Bureau, J., Gosselin, C., & Capuano, F. (2007). Attachment representations in a sample of neglected preschool-age children. *School Psychology International, 28,* 264-293.

山川賀世子（2006）．幼児の愛着の測定——Attachment Doll Play の妥当性の検討　教育心理学研究, *54,* 456-486.

山田洋子（1982）．0〜2 歳における要求—拒否と自己の発達　教育心理学研究, *30,* 128-138.

4 章

幼児が生活する環境と親のケア

　本研究に参加した幼児は日々どのような人々とどのように接しているのでしょう。この調査を開始した 3.5 歳の時点でも，子どもは多種多様な人々がつくる社会の立派なメンバーであることがわかりました。子どもは社会の中で，それぞれの人とさまざまな対人行動を体験し，また，知識を得ているであろうと思われます。しかし，私たちは幼児の発達には親のケア（子どもへの養育態度・行動）の影響が大きいにちがいないという強い思い込みをしてきました。そして，これまで多くの内外の研究者は親のケアの影響について実証的に検討してきました。

　本章では，そのなかからこの縦断研究の目的にとって有効だと思われる親のケアの調査を吟味し，必要な調査や観察を新たに加えて，親のケアの性質と子どもへの影響を検討することにしました。

1. 幼児の生活環境

子どもを取り巻く多様な人々

　子どもの家族　研究に参加した子どもの両親がどのような人たちであるかについての詳細は，序章をご覧ください。ここでは，初回調査の 3.5 歳時点に報告された二点について注目しておきます。それは，すべての母親が主に子どものケアを担っている「主養育者」であると報告したこと，そして，このグループの母親の 77% が「専業主婦」であったことです。序章で述べたように，調

査当時の日本の専業主婦率は48%でしたので，本研究の協力家庭では専業主婦率が高いことが特徴です。子どもが8歳（小学2年生）時点の最終調査では，専業主婦率は63%に減少していましたが，なお，専業主婦率が高いグループであるといえます。そして，両親と子どもだけの核家族が89%を占めました。母親のケアが幼児に届きやすい環境だといえます。

　子どものきょうだいについてみると，調査の開始時には72%が第1子でした。そして，最終調査の時点では，一人っ子が35%，二人きょうだいが45%でした。三人きょうだいが4家族，四人きょうだいが1家族でした。

親戚の人々　子どもと接する親戚の人々について3.5歳時点で尋ねたところ，すべての家庭で祖母や祖父との交流があると報告されました。しかし，同居しているのは3家族のみでした。7割の子どもがおば・おじと接することがあるとも報告されました。そして，いとこ（従姉妹や従兄弟）との交流が68%の子どもにあることもわかりました。親戚の子どもであるいとこは，友だちよりも接するのにハードルが低い"子ども世代の仲間"として位置づけられます。実際，親しい子どもとして，いとこがあげられることは少なくありません。本研究でも重要な人として「いとこ」をあげた子どもがいます。

友だちと先生　3.5歳の時点で保育所や幼稚園に通っていた子どもは48%でした。32%の子どもにとってはこの音楽教室が初めて経験した子ども集団でした。そして，63%の子どもは別のおけいこにも通っていました。この音楽教室では希望によって，生後8か月からの乳児リトミック，2歳以降の幼児リトミック（いずれも6，7人の子どもの集団レッスンで指導者は1人），加えて，希望すれば2歳からの音感訓練，3歳からのピアノの個人レッスンが，いずれも週1回とれるようになっていました。

　本研究の調査協力者の子どもの場合には，平均2歳5か月（範囲は生後17か月〜41か月）時にこの教室に入り，希望する音楽のレッスンを受けていました。本調査の開始時点までに協力者である子どもがこの音楽教室に在籍していた月数は，平均14.2か月（範囲は4か月〜28か月）でした。したがって，子どもはこの縦断研究の初回の調査の時点までに，この音楽教室にかぎっても，友だちや先生とのさまざまな対人行動を経験していたことになります。

　3.5歳時点での母親の面接での報告によると，72%の子どもはほかの生徒と

仲良くできているとされました。子どもの友だちの数を尋ねたところ，母親が報告した人数は0〜7人までさまざまで，平均は3.7人でした。友だちがいないと報告されたのは4人でした。また，74%の子どもは指導者にすぐになじめたと，母親は報告しています。

家庭と身近な環境で起こった出来事

ライフイベントの調査　3.5歳から8歳までの子どもの生活環境の変化を知るために，子どもと家族，身近な人々に関するライフイベントを体験したかどうかについて，項目を用意して調べました。子どもが4〜6歳では毎年1回，小学校入学後の2年間は一学期と二学期の各2回，計7回，母親に報告してもらいました。用意したライフイベントは，幼稚園（あるいは，小学校）生活（喜んで通園あるいは通学している），友人関係（友だちとうまくやれている，いじめられた），教師との関係（先生とうまくやれている），家族の変化（きょうだいが生まれた，母親が働き始めた）やトラブル（親の経済状態が悪化した，親が離婚した）などに関する計28〜30項目で，前回の調査からの1年間（あるいは，半年間）に，それぞれのライフイベントが「あった」かどうかを尋ねました。

報告されたライフイベント　1人の母親が「あった」としたライフイベントは，7時点ともそれぞれ4〜7個でした。そのなかで，まず，家庭内のイベント（きょうだいが生まれた，母親が働き始めた，父親が単身赴任した，親が離婚した，など）の計11個についてみると，各時点でほとんどの家庭でそのようなことはなかったとされましたが，5個と6個を報告した母親がそれぞれ1人ありました。7時点の全体を合計すると，0〜6個に分布し，平均は1.5個でした。報告されたライフイベントは，母親の就労，父親の単身赴任や仕事の変化，転居，きょうだいの誕生などでした。

次に，友人関係についてのライフイベントでは，友だちとの関係が順調であったことを示す3項目（幼稚園／小学校で友だちができた，友だちと上手につきあっている，など）をみると，各時点で多くの母親が最大の3個を報告しました。7時点を合計すると11〜19個に分布し，平均は17.2個になりました。多くの母親が子どもの友だちとの交流が順調になされていると認識してい

たことがわかりました。

　逆に，友人関係のトラブルについての3項目（友だちにいじめられた，親しい友だちが引っ越した，など）についてみると，各時点では最大が2個で多くの子どもには該当しないとされました。7時点を合計すると0～6個に分布し，平均は2.2個でした。友だちとのトラブルの項目で多くの子どもに該当するとされたのは「友だちにいじめられた」という項目で，7時点でそれぞれ6～15人の子どもに「あった」と報告されました。もっとも多い15人の子どもについて報告されたのは4歳時点でした。本研究の子どもでは4歳時に22人が幼稚園に入園したために，集団生活の初期の適応過程で起こったトラブルであったのかもしれません。この調査では，いじめがどのような内容であったかまではわかりませんが，注目すべき事象だといえましょう。

　さらに，全項目からとくに望ましくないライフイベント（友だちにいじめられた，子ども本人が入院した，家族内でもめごとがあった，親の経済状態が悪化した，親が離婚した，など）8項目を選んでみました。各時点でこれらに該当すると多くの母親が報告した項目は0か1個で，1人だけ4個報告しました。7時点の合計では0～6個のこれらのイベントが報告され，平均は2.5個でした。上述の子どものいじめのほかは，経済状態の悪化，家族のもめごと，離婚などが報告されました。縦断研究の調査期間中に2件の離婚が報告されました。

　生活環境と子ども　以上のように，3.5歳時点からの母親の報告によって，この研究の子どもの約9割は，両親と子どもが1人か2人という核家族で育っていることがわかりました。したがって，親のケアの影響が大きいことが予想されます。しかし同時に，ここまで見てきたように，子どもは，祖母・祖父，おば・おじ，いとこなど親戚のおとなや子どもと接し，加えて，4歳時点では75％，5歳時点では92％が保育所か幼稚園に在籍し，さらに，この音楽教室でも子ども仲間や先生たち，そして，教室につき添ってくるほかの子の親たちに，接していることがわかりました。これらの経験が子どもの発達に影響を与えているであろうことも考えておかなければなりません。子どもの発達は生活環境での多様な人々との相互交渉の中で起こっているということになります。親はこの環境の一部だということです。序章で紹介したブロンフェンブレナー

の指摘（図序-1）が正しいことがわかります。

2. 親のケアの性質

　幼児が多くの子どもやおとなが暮らす社会の立派なメンバーであることを確かめてきました。このような子どもの生活環境を念頭におきながら，両親の子どもに対するケアをとらえることが必要です。

親のケアの調査方法

　両親のケアの性質について本章で紹介する調査は表4-1のように三群にまとめられます。まず，ケアの芯ともいえる子どものケアについての親の感情を調べるものです。①ケアを楽しんでいるか（肯定感），②ケアを負担に感じているか（制約感），③子どもは自分の分身だと感じているか（分身感），そして，④ケアに自信をもてないか（自信の欠如）を確かめるものです。さらに，ケアについての調査では，⑤親に向ける子どもの愛情行動を親が受容する程度，⑥母子交渉場面での母親の行動，⑦父親の子どものケア・家事への参加，⑧父親のケア・家事への参加についての母親の満足度，加えて，⑨親自身が自分の生活を重視する個人化志向の程度を調べました。そして，最後に，親の生活の質を尋ねました。まず，⑩親自身のQOLを測定し，さらに，母親のQOLが⑪子どものQOLについての母親の認識とどのように関連しているかを調べました。

　表4-1には子どもが何歳の時に，これらの調査に親が回答・参加したかも示してあります。質問紙調査では，質問票を手渡しするか郵送して両親にそれぞれ回答してもらいました。表に見るように，⑥母子交渉の実験と⑦父親の子どものケア・家事への参加の調査と⑧母親の父親のケア・家事参加への満足，そして，⑪母親の子どものQOLの認識を除いた調査については，両親それぞれに協力を得ました。このほかにも種々の心理測定に協力してもらい，加えて，母親には実験や面接調査にも協力をお願いしました。したがって，親の負担が大きくなりすぎないように，調査や実験を厳選し，最適な時期を選んで実施しました。なお，調査を繰り返す場合には，同じ調査票を用いて，変化が検

表 4-1　子どものケアについての親の感情・態度・行動の調査──内容と時期

（○：母親の報告　●：父親の報告　○＋✓：子どもも参加）

	3.5歳	4歳	5歳	6歳	7歳春	7歳秋	8歳春	8歳秋
ケアについての親の感情								
①ケアの肯定感		○●		○●			○●	
②ケアの制約感		○●		○●			○●	
③子どもの分身感		○●		○●			○●	
④ケアへの自信の欠如					○●			
ケアについての親の態度・行動								
⑤愛情行動の受容度		○●		○				○●
⑥母子交渉場面での母親の行動								○＋✓
⑦父親の子どものケア・家事への参加	●					●		
⑧母親の父親の⑦への満足	○							
⑨個人化志向			○●					
親の「生活の質」								
⑩親のQOL								○●
⑪母親の子どものQOLの認識								○

討できるようにしました。

子どものケアについての親の感情

　肯定感と制約感　子どものケアについての感情は両親ともに4歳，6歳，8歳の3時点で繰り返し測定し，結果は図4-1のとおりになりました。ケアについての肯定感の調査では「育児は楽しい」「子どもをみていると元気づけられる」などの項目に賛成する程度を4段階（4～1点）で尋ねました。肯定感の平均値は図4-1に見るように3時点で両親ともに4点満点のうち3.1点前後でした。肯定の程度がもっとも高かった項目は，両親とも3時点で，「子どもを見ていると元気づけられる」で，もっとも低かったのは「親としての自分が好きだ」という項目でした。

　一方，「子どもを育てるのは負担だ」「子どもをもたなければよかったと思う」などの項目で調べたケアにともなう制約感の平均値は，3時点で母親は4点満点のうち2.1点前後で，父親は1.8点前後でした。母親の制約感が父親のそれよりも高いことは統計的な検討でも確認できました。ケアにあたっている

母親の制約感がより強いということは理解できるでしょう。母親が制約感を感じると回答した項目で得点がもっとも高かったのは「親であるために自分の行動がかなり制約されている」というものでした。

肯定感と制約感とは調査の内容からいって、片方の得点が高ければもう一方は低いであろうという関係が想定されますが、このような両者の関係は母親においては成立しませんでした。子どものケアを実際に行う母親にとっては、ケアは喜びでもあるが負担にも感じるという、複雑なものであるということでしょう。これらの親の育児についての肯定感と制約感の特徴は、この調査票を提案した柏木惠子らが3〜5歳児の親を対象にした結果（柏木・若松，1994）と似た傾向でした。

分身感 「子どもは自分がこの世に存在した証だと思う」「子どもは自分の分身だと思う」の2項目で、親が子どもを自分の分身であると感じているかを調べました。結果は、これも柏木らの結果と同じく、分身感をより強くもっているのは父親のほうでした。母親の平均点は4〜8歳まで一貫して2.3点前後であったのに対し、父親は2.5〜2.7点と母親よりも高く、しかも、図4-1に見るように子どもの年齢につれて上昇し、父親の分身感の上昇傾向は統計的にも

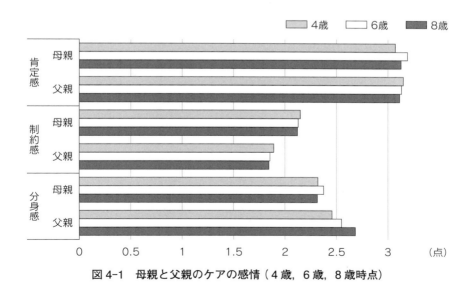

図4-1　母親と父親のケアの感情（4歳，6歳，8歳時点）

確認されました。母親が日々のケアをとおして，子どもは自分の分身ではない
と認識するのに対し，ケアに参加することが少ない父親が観念的に分身感をよ
り強くもつことは予想されなくはありません。しかも，父親においてのみ，肯
定感が高いと分身感も高いという関連がみられました。そして，父親は子ども
が4歳時点で，女児よりも男児に対してより強い分身感をもつと報告しまし
た。

　以上のケアの感情の調査で注目されたのは，両親のケアの感情が4歳，6
歳，8歳の3時点で一貫していたことです。4歳時点での育児感情が多くの親
では8歳まで変わらずに持続していました。一方，両親の間の類似性をみる
と，ケアの感情の三種の得点のいずれについてもごく一部を除いて関連はほと
んどみられませんでした。親がこのような点で気持ちをそろえているというわ
けではないようです。

　ケアについての自信の欠如　子どものケアについての自信の欠如を表現する
5項目（子どもの親であることに苦しみや困難を感じる，親として力不足だと
思う，など）について4段階（4〜1点）で尋ねました。調査は，研究が終盤
に近づく7歳時点で，両親にそれぞれ回答してもらいました。

　自信の欠如の得点は20点満点（4点×5項目）で，母親と父親はそれぞれ平
均が12.9点と10.7点と，両親ともそれほど高くはないことがわかりましたが，
母親の自信の欠如感が統計的にはより強いという結果でした。そして，この母
親の自信のなさは，子どもが男児の場合により強いこともわかりました。「男
の子を育てるのは難しい」とは，母親からよく聞く訴えですが，本研究でも母
親の苦労がしのばれる結果になりました。なかでもとくに自信のなさについて
の評定値が高かった項目は「子どもの親として，力不足だと思う（平均は2.7
点）」という項目でした。

　注目されたのは，4，6，8歳時点での前述のケアについての感情の得点とこ
の7歳時点での自信の欠如の得点とが，強く関連したことです。母親では，7
歳時点での自信の欠如は，4，6，8歳時点での母親のケアの肯定感と負の関
連，そして，制約感とは正の強い関連を示しました。そして，父親において
も，4，6，8歳時点でのケアの肯定感とは負の関連，制約感とは正の関連があ
り，これに加えて父親の場合には，4，6歳時点での分身感と負の関連もみら

れました。いずれも理解できる方向での関連であるといえます。7歳時点で測定した親のケアについての自信の欠如は，4，6，8歳でのケアの行動にともなう感情と確かに関連しているということです。

子どものケアについての親の態度

愛情行動の受容の程度　子どもが「愛情を求める行動」を母親あるいは父親に向けた時に，それをどのようにどの程度受け容れるかという観点から，両親のケアについての態度を調べることにしました。子どもに愛情を求められたらそれを受け容れるということは，スムーズな親子関係にとって欠かせない姿勢であるといえるでしょう。この調査は，人間関係の発達を扱う本研究のために作成したものです。

　子どもが親に向ける愛情行動を，2章で述べた愛情を確保するための5種の心理的機能を，それぞれ具体的な日常行動として3〜4項目で記述して，合計18項目を用意しました。この18項目のそれぞれを，子どもが何歳になるまで受容するか（選択肢は，3歳まで，4歳まで，小学校入学まで，小学3年生まで，小学校卒業まで，何歳でもいい），あるいは，受容しないか（選択肢は，何歳でもおかしい）を，母親と父親にそれぞれ回答してもらいました。すなわち，全18項目について「何歳でもおかしい」〜「何歳でもいい」の7段階（1〜7点）を設けて，行動を受容する程度について回答を求めました。そして，この18項目の合計点を「愛情行動の受容得点」としました。この得点が高いほど，子どもが愛情を求める行動についての親の受容の程度が高いことになります。この調査への回答を，親それぞれに，子どもが4歳，6歳，8歳の3時点で繰り返してお願いしました。

　両親の回答は興味深いものでした。第一に，18（1点×18項目）点から126（7点×18項目）点までの可能な得点範囲で，両親の3時点の平均点は64〜74点になりました。つまり，平均すると「小学校入学頃までは受容する」というものでした。第二には，子どもの性別にかかわらず，4，6，8歳と成長するにつれて，子どもの愛情行動をより受容するようになるという傾向がみられたことです。これは予想とは逆かもしれません。これはおそらく，子どもが幼い時には甘やかしてはいけないと考え，大きくなれば愛情行動を受け容れても

よいであろうという，親の気持ちを反映しているものでしょう。

　図4-2に5種の心理的機能別に受容度の得点の結果を示しました。図に見るように，親は子どもの愛情の要求を受け容れるものの，子どもの年齢によって，愛情を充たすのによりふさわしい心理的機能を区別していることがわかります。

　心理的機能1（一緒にいたい）の愛情行動の受容度は両親ともに低く，しかも，子どもが幼い時（4歳時点）ほど低くなりました。幼いうちは，親に一緒にいてほしいと願うような行動を受け容れると甘やかすことになる，と考えてのことでしょう。

　注目されたのは心理的機能2（心を支えてほしい）の子どもの要望を，もっとも高い年齢（小学校卒業）まで受容すると回答されたことです。これは「母親（父親の場合には，父親）を心の支えにし，母親（父親）の顔を思い出すだけで安定した気持ちになる」「とても悲しいことがあったとき，母親（父親）にそばにいてほしいと思う」「母親（父親）を生きがいにしている」の3項目で尋ねたものです。この3項目の中でもっとも受容度が高かったのは，母親の4歳と8歳の時点，そして，父親の3時点すべてで「とても悲しいことがあったとき母親（父親）にそばにいてほしいと思う」であり，6歳時点の母親では「母親を心の支えにし，母親の顔を思い出すだけで安定した気持ちになる」でした。しかし，「生きがいにする」という愛情行動については両親とも厳しく，どの時点の回答でも，小学3年生までなら認めるということでした。

　次に受容得点が高かったのは，心理的機能5（経験・情報を共有したい）でした。これはうれしい気持ちを分かちあい，楽しいことを一緒にしたいというような4項目で尋ねたものです。このなかでもっとも高い年齢まで受容されたのは，両親ともに3時点とも，「とてもうれしいことがあったとき，母親（父親）に一番に知らせようとする」という項目でした。親の気持ちがよく表されているといえましょう。

　ところで，「何歳でもよい」という選択肢を選んだのは，3時点ともに母親のほうがやや多く，平均して5〜6項目についてでした。父親は4〜5項目についてでした。母親で4歳よりも6歳と8歳の時点のほうが何歳でもよいと認める項目がより多くなったのは，興味深いでしょう。「何歳でもよい」とされ

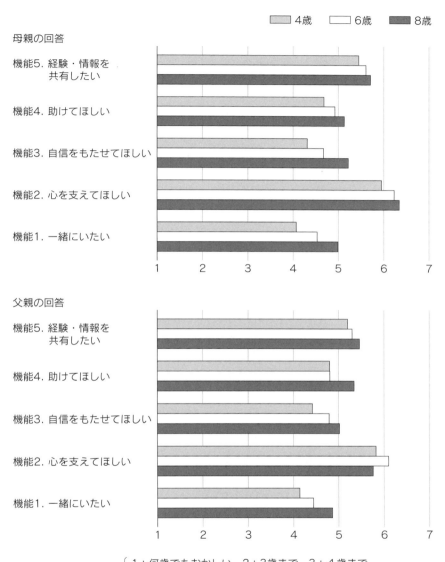

図4-2 子どもの愛情行動（心理的機能1〜5）についての親の受容度

た項目は，両親ともに，心理的機能2を記述している「悲しい時に母親（父親）にそばにいてほしいと思う」「母親（父親）を心の支えにする」と，経験を共有してほしいという心理的機能5を記述した「うれしいことがあった時に母親（父親）に知らせようとする」という項目でした。いずれも，愛情を求める行動が社会的に承認されやすい仕方，つまり，そうしても当然のことだと世間が認める行動であるといえるでしょう。これに対して，「何歳でもおかしい」という選択肢は両親ともにほとんど選ばれず，平均は1項目以下でした。「何歳でもおかしい」とされた項目は，3時点をとおして，約2%の親が選んだ「母親（父親）を生きがいにしている」という項目でした。

　子どもの4歳，6歳，8歳の3時点での両親の愛情行動の受容についての連続性をみたところ，母親の回答には明確な連続性がみられました。また，両親の受容傾向が似ているかをみたところ，8歳時点でだけ類似していることがわかりました。

絵本の共同読み場面での母親の行動　3章で，8歳の秋（小学2年生の二学期）の時点に母と子が共同で絵本『おおきな木』を読むという実験をしたことを紹介しました。ここでは，母子の共同読みでの子どもの絵本の理解の程度に，一緒に本を読んだ母親の援助や態度がどのように関連したかを検討しましょう。具体的には，母親の行動を表4-2に示した四点について数値化しました。すなわち，ビデオの録画をもとに母子の行動を文字で表現した記録を四点（a.母親の言葉かけが有効か，b.母親が子どもの行動を受容するか，c.母親が課題に対する熱心さに欠けるか，d.母親が子どもの課題から逸脱する行動を制御できるか）について，それぞれ表に示した5段階で評定しました。その結果は興味深いものでした。

　子どもの「絵本のあらすじの理解」は，母親が有効な言葉かけをし，受容的であればよりよく，逆に，母親が課題に対する熱心さに欠け，子どもの課題から逸脱する行動を制御できなければ，成績が悪かったのです。いずれの傾向も男児のほうがより顕著でした。また，「絵本の著者の問いかけの理解」についても，子どもの成績は母親の援助によって高まることが，明らかでした。これも，男児の場合がより明確でした。

　つまり，母親が有効な言葉をかけ，受容的であると，子どもの絵本の理解が

4章　幼児が生活する環境と親のケア

表4-2　絵本の共同読み場面での母親の行動評定の内容と分析の基準

母親の行動	評定の内容・基準
a. 母親の有効な言葉かけ	母親の言葉かけが，子どもが課題を進めるために有効か
	5.母親の言葉かけが有効で，子どもの答えをうまく引きだしている
	〜1.母親の言葉かけは，子どもの回答をまったく引きだせない
b. 母親の受容的な態度	母親は子どもの主体性を尊重し，課題を進めるか
	5.母親は子どもの発話を重視し，発話を活かして，うまく課題を進める
	〜1.母親は子どもの発話を受け入れず，あいづちもうたない
c. 母親の課題への熱意の欠如	母親の課題への取り組みへの熱意が欠けているか
	5.母親は課題を進めるような話しかけを，まったくしない
	〜1.母親は課題を進めるように，熱心に話しかける
d. 母親の子どもの非課題行動の制御	母親は課題に取り組まない子どもを制御できるか
	5.子どもは母親のいうことを無視し，課題にまったく取り組まない
	〜1.子どもは母親を無視したり，課題に取り組まないようすをみせない

母親に基準のような行動がどの程度みられるかについて，5(100%)，4(70%)，3(50%)，2(20%)，1(10%)と評定した。

よいこと，とくに，男児においてそうであることがわかりました。この母子共同の読書場面では，対女児と対男児では，母親の取り組み方が異なることがわかりました。これは，3章で見たように言語能力がやや劣る男児に対して，母親がより多くの援助をしたのだとも解釈できるでしょう。子どもの性別による親のかかわり方の相違は，さまざまな理由で起きていることを示す結果でした。

父親の子どものケア・家事参加と母親の満足　父親がケア・家事にどの程度参加しているかを，3.5歳時点で父親自身に尋ねました。調査は先行研究を参考にして，「子どもの世話をする」（子どもとお風呂に入る，などの8項目），「子どもの相手をする」（子どもと遊ぶ，などの4項目），「妻の精神的援助をする」（妻の体調を気遣う，などの2項目），「家事をする」（家の掃除をする，などの6項目）の4種の計20項目を用意し，各項目について，「いつもしている」〜「全然しない」の4段階（4〜1点）で回答してもらいました。

　得点が高いほど父親の参加度が高いことを示すように処理をして，4種の行動ごとに平均値を出してみたところ，参加度は高いほうから「妻の精神的援助」「子どもの相手」「子どもの世話」「家事」の順でした。全20項目の合計を

みると，20 〜 80 点に分布するところ平均は 56 点と高くはなく，しかも個人差が大きいことが注目されました。このような父親のケア・家事への参加の内容や程度について，母親が満足しているかどうかを，父親の調査と同時期の3.5 歳時に母親に尋ねました。5 項目（たとえば，「家事・育児の参加度に満足している」「精神的に支えてくれている」，など）を用意して，満足している程度を 5 段階（5 〜 1 点）で回答してもらいました。

　夫のケア・家事参加についての妻の満足度は，25 点満点のところ 7 〜 25 点と得点の広がりが大きく，平均は 17.4 点でした。夫のケア・家事への参加だけでなく，精神的な支えや夫との話し合いなどに満足している母親がいる一方，これらをまったくといってよいほど得られていないと感じている母親もいることがわかりました。この母親の気持ちと父親のケア・家事参加得点とは正の相関を示し，父親のケア・家事の参加は母親にとって重要であることがわかりました。なお，父親の参加度を 7 歳時点でも調べてみたところ，3.5 歳時点と 7 歳時点の参加度の相関は高く，ケア・家事の参加の傾向は 3.5 歳から続いていることがわかりました。

　家族のなかでの親の個人化志向　　家族社会学者の目黒依子は，1987 年に『個人化する家族』（勁草書房）を著わして注目されました（目黒，1987）。この本で目黒は，当時の家族の変化のきざし，たとえば，小家族化，核家族化，高齢化，共働き家庭の増加，離婚率の高さを指摘しました。そして，これらの変化によって「集団としての家族があたりまえではなくなり」「個人個人がもつニーズに応じられる内容をもつ家族を，個人が選ぶことがようやく可能になりつつある」（p. vi, 5-8 行）と肯定的にとらえ，これを "家族の個人化" と呼びました。そして，「家族は個人の福祉的ニーズを充たす中核的な資源として問われる」（p. 65, 6-7 行）べきであるとして，家族の成員が個人化志向をもつことは社会が豊かになってきた証拠だとしました。これはきわめて興味深く重要な指摘だといえましょう。本研究では，「私」を配偶者および子どもとの関係のなかで望むという親それぞれの「個人化志向」の程度を測定することにして，柏木惠子ら（柏木・永久，1999）の調査項目を使わせてもらうことにしました。

　個人化志向の尺度は，12 項目で構成され，配偶者と経済を共有していると

4章　幼児が生活する環境と親のケア

いう認識をもつ「経済の共有」（夫（妻）の物は私のものだ，などの3項目），配偶者や子どもとの強い結びつきをもつという「一心同体」（夫（妻）の喜びは私の喜びだ，などの6項目），そして，配偶者や子どもから独立した自分自身の世界をもつことを重視しているという「私個人の世界」（家族からでも，邪魔されたくない時間がある，などの3項目）の3要素です。各項目について「あてはまらない」〜「あてはまる」の4段階（1〜4点）で，子どもの5歳時点に，両親に回答してもらいました。図4-3には3要素のそれぞれの平均値を母親と父親別に示しました。

　このうちの母親の3要素についてのそれぞれの数値は，柏木らの40歳代の母親の調査結果とよく似たものでした。本研究での両親の回答は図のように，「私個人の世界」が3要素の中でもっとも平均値が高く，しかも，母親の得点が父親のそれよりも高いことが注目されます。そして，「一心同体」の得点は父親のほうが高いことも明らかになりました。「一心同体」や「経済の共有」を表す項目の配点をし直し，得点が高いほど「個人化志向」をより強く表すようにして全12項目の合計点を出してみました。48点満点のところ，母親は平均が31.5点，父親は29.9点で，母親のほうが「個人化志向」がやや強いという結果でした。母親のほうが家族という制度に窮屈さを感じているということでしょう。そして，「個人化志向」が両親間でどの程度一致しているかをみた

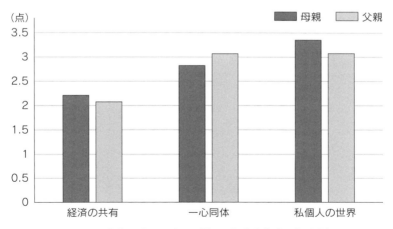

図4-3　家族の中での親の「個人化志向」（5歳時点）

ところ，両親間の関連は弱いものでした。

親の個人化志向とケアの感情　5歳の時点で母親や父親が「個人化志向」をもつ時，先に検討した子どものケアについての親の3種のケアの感情はどのような状態になるか気になります。これをみたところ，母親の「個人化志向」は，4，6，8歳のどの時期でも母親のケアの感情とは関連しないことがわかりました。

ところが，父親の「個人化志向」は，父親のケアの感情に強く関連することがわかりました。すなわち，父親の5歳時点の「個人化志向」は1年前の4歳時点の父親の分身感と負の相関がみられました。「個人化志向」を5歳時点にもつ父親は，それ以前にも子どもを自分の分身であるとは考えないということです。そして，6歳時点と8歳時点では，「個人化志向」は肯定感とも分身感とも負の相関を示しました。つまり，5歳の時点で「個人化志向」をもつ父親は6，8歳という将来の子どものケアから，心理的にも，そして，おそらく実際の行動としても，距離をおくようになることがわかりました。さらに，「個人化志向」をもつ父親は，7歳時点でケアや家事に参加しない傾向もあり，また，ケアに自信がもてていないことも明らかになりました。

子どものケアへのかかわりが少なくてもすんでしまう父親では，個人化を志向すると子どもへのケアを制約だと感じ，ケアに自信がもてず，実際のケアから遠ざかってしまうことがわかりました。ところが，日常の幼児のケアから手が離せない母親では，たとえ「個人化志向」があったとしても，それがケアの感情には影響しないことがわかりました。また，父親の「個人化志向」は，4，6，8歳時点での父親の愛情行動の受容度とも負の関連がありました。一方，母親の「個人化志向」は，愛情行動の受容度とは関連しませんでした。このように，「個人化志向」は母親と父親では意味が異なることがわかりました。

目黒依子は，家族の中で親が「個人化」するという当時の日本の家族の変化を希望としてとらえました。しかし，本研究の分析では，母親の「個人化」は実際に母親が行うケアにはほとんど影響しておらず，あるいは影響させることができず，一方，父親の「個人化」は父親の家庭生活からの離脱を示すという結果でした。これは家族にとって決して〝希望〟とはいえないでしょう。

3. 親の心身の健康と子どもについての認識

親の心身の健康

　親の「生活の質」の測定　3章で述べたように，この縦断研究では子どもの心身の健康状態を知るために8歳時点で「生活の質」，QOL を測定しました。そこで，両親の心身の健康状態を知るためにも QOL を使用することにしました。成人用の QOL 尺度としては，WHO が作成した「WHOQOL26」を採用することにし，両親にそれぞれ回答してもらいました。

　「過去2週間」の状態を思い出し，各項目に該当することがあったかどうかを，「まったくない」～「非常にあった」の5段階（1～5点）で報告してもらうものです。合計26項目が四つの下位領域（身体的，心理的，社会的，環境）の24項目と全体の状態を問う2項目（健康状態に満足しているか，など）で構成されています。

　QOL 総得点は26～130点になり得ますが，本研究の母親の平均は88.5（得点の範囲は68～108）点，父親では84.2（範囲は58～116）点でした[注1]。総得点では母親のほうが父親よりも高く，また，両親の総得点には関連がみられました。しかし，両親それぞれの QOL 総得点と3章で紹介した子どもが報告した子ども自身の QOL 得点とは，わずかに身体的健康得点が関連しただけでした。また，親の QOL はここまで検討してきた親自身のケアの感情ともほとんど関連しないことがわかりました。唯一，有意な関連を示したのは，母親のQOL と同時点に測定した母親のケアの感情（肯定感とは正の相関，制約感とは負の相関）との間でした。

　母親が報告した子どもの QOL　では，母親は子どもの QOL の状態をどのようにみているでしょうか。子どもの測定と同じ8歳時点に，「小・中学生版 QOL 尺度―親用」を使って，母親が子どもの日々の QOL をどのようにみているかを調べてみました。母親用の尺度は子ども用と同じ内容で，項目の表現だけを「私の子どもは，自分が病気だと思っているようだった」という具合に変更したものです。子ども用と同じ5段階で尋ね，同じように得点化しました。

その結果，母親が報告した子どもの QOL は，総得点も，そして，身体的健康と学校生活の二つの得点も，子ども自身が報告した得点よりも高いことがわかりました。なかでも，母親が報告した学校生活得点（82.9 点）は子ども自身が報告した得点（67.5 点）より 15 点以上も高いことが注目されました。ここから，母親の多くが，子どもの学校生活はうまくいっているととらえていることがわかりました。これは母親の願いかもしれません。

　なお，母親が報告した子どもの QOL 得点は，母親自身の QOL 得点と強い関連がありました。しかし，子ども自身が報告した QOL とは関連しませんでした。母親は自分の心身の状態によって子どもの QOL をみていることになります。つまり，子どもの実際の QOL をみてはいないのです。

4.　まとめ

　本章では，子どもが暮らしている環境の性質についての調査結果を述べました。ここではまとめとして，以下の 5 点に注目しておきます。

　(1)　幼児の生活環境　幼児といえども，子どもの生活環境は広く複雑であることがわかりました。子どもは 3.5 歳時点ですでに多様な人々（家族，親戚，音楽教室の子ども，指導者，ほかの子どもの保護者，保育所や幼稚園の仲間，保育者など）からなる社会の確かなメンバーであり，さまざまな対人行動を経験していることが推察されました。そして，その社会のなかで起こるライフイベントといわれる事象を，それぞれに体験していることも報告されました。

　(2)　親のケアの特徴　親の子どもへのケアの内容を，表 4-1 に示したように，4 種の親のケアについての感情，5 種の態度・行動，そして，親自身の QOL の三つの観点から検討しました。

　まず，ケアの感情の調査は親のケアの質を理解するうえで有効な視点を提供するものであるといえました。本研究の両親はともに高い肯定感をもつことがわかりましたが，母親は制約感がより強く，父親は分身感をより強くもつという差異があることも明らかになりました。また，母親は育児についての自信のなさを 7 歳時点で報告し，とくにそれが男児に対してより強いという，母—息子関係の性質が注目されました。

親の養育行動の調査では，まず，父親が報告したケア・家事への参加度には個人差が大きいことがわかりました。そして，父親のケア・家事への参加は母親の満足感を高めていることが明らかでした。さらに，個人化志向は，親が「私」を主張する新しい家族の在り方を示すかという点から取り上げたのですが，この志向性の意味が母親と父親では異なることがわかりました。母親は個人化志向があってもケアから手が抜けないという現実があるのに対し，父親は個人化志向が高い場合にはケアから身を引いてしまうという傾向が明らかでした。

8歳時点で両親のQOLを調べ，さらに，母親自身のQOLと子どものQOLについての認識との関連を検討しました。結果は，予想されるように，母親のQOLと母親が認識している子どものQOLとは高い関連があり，しかし，子どもが報告する子ども自身のQOLとは関連しないというものでした。

(3) 親のケアの連続・不連続　母親と父親のそれぞれの，子どものケアについての感情・態度・行動には，かなりの程度の連続性が認められました。たとえば，4歳，6歳，8歳の3時点で調査を繰り返したケアについての正・負の感情（肯定感，分身感，制約感）と態度（愛情行動の受容度）には，両親ともにそれぞれ連続性が認められました。

さらに，親のケアの多様な行動についてみた時にも連続性があるといえるか，つまり，質のよいケアをする親，そうではない親，というような連続性があるかを，母親と父親別に，子どもの性別に，すべての測定についての相関係数でみることにしました。

まず，母親のケアについては19個（3時点の3種のケアの感情，ケアへの自信の欠如，3時点の愛情行動の受容度，母子交渉の4尺度，父親のケア・家事参加に対する満足度，個人化志向）の測定間の相関係数を出しました。その結果，全体で171個の相関係数のうち[注2]，女児の場合は26個（15%），男児では36個（21%）が統計的に意味のある関連だといえました。そして，父親の場合には，16個（母親の19個の測度から母子交渉の4尺度と母親の父親のケア・家事参加に対する満足度を減らし，2回の父親のケア・家事参加度を加える）の測定の120個の相関のうち[注3]，女児では35個（29%），男児では19個（16%）が統計的に有意でした。

93

つまり，両親のさまざまなケアの測度の関連をみたところ，3.5 歳から 8 歳までの時点で 2，3 割について連続性を示し，とくに，父親のほうが，また，両親ともに異性の子どもの場合のほうが，ケアの質がより連続していることがわかりました。すなわち，母親のほうが，あるいは，同性の子どもの場合のほうが，ケアを変更する可能性が大きいといえました。これは，母親のほうが，そして，同性の子どもの場合のほうが，ケアに柔軟性がもてることを意味しているのでしょう。

　(4) 親のケアの類似性　両親のケアに類似性があるかを，両親に共通に用いた 14 種の測度間の相関係数でみることにしました。その結果，両親間で関連があったのは，わずかに 2 測度についてでした。それは 8 歳時点での，ケアの感情の制約感と愛情行動の受容度だけでした。そして，同時期の両親のケアの肯定感については，弱い関連がみられました。これらはいずれも 8 歳時点の測定であり，親である期間が長くなると，親の態度が似てくることを示唆しているといえましょう。加えて，5 歳時点で測定した個人化志向は，両親間に弱い類似がみられました。このような行動に出やすい態度の場合には，互いに相手の気持ちが伝わりやすいということでしょう。

　(5) 親のケアと子どもの性別　親のケアが子どもの性別によって異なることが，わずかにみられました。父親が 4 歳時点の男児に分身感をより強くもつこと，母親が 7 歳時点の男児のケアに自信がよりもてないこと，8 歳時点での絵本の共同読みの場面で母親が男児の行動により多くかかわることなどが，みられました。

注1)　両親の QOL 得点を日本の 30 代の別の資料（中根ほか，1999）と比べてみたところ，母親の得点のみやや高いという結果であった。

注2)　19 測度間の相関は，$(19 \times 19 - 19) \div 2 = 171$　で 171 個の相関を検討することになる。

注3)　16 測度間の相関は，$(16 \times 16 - 16) \div 2 = 120$　で 120 個の相関を検討することになる。

引用文献

柏木惠子・永久ひさ子 (1999). 女性における子どもの価値——今，なぜ子を産むか　教育心理学研究, *47*, 170-179.

柏木惠子・若松素子 (1994). 「親となる」ことによる人格発達——生涯発達的視点から親を研究する試み　発達心理学研究, *5*, 72-83.

目黒依子 (1987). 個人化する家族　勁草書房

中根充文・田崎美弥子・宮岡悦良 (1999). 一般人口における QOL スコアの分布——WHOQOL を利用して　医療と社会, *9*, 123-131.

5 章

「愛情のネットワーク」に個人差が生まれる理由

　人間は生き延びるために，多数の人に自分への支援を分散するのではなく，比較的少数の重要な人々を自ら選んで，誰にどのように支援してもらうかを決めていると考えられます。2章で述べたように，幼児の「愛情のネットワーク」を測定してみると，それぞれの幼児がつくっている「愛情のネットワーク」の構成には，個人差があることがわかりました。

　すべての母親が主に子どものケアをしている本研究の子どもの生活環境からすれば，多くが「お母さん子」であろうと予想されるでしょう。たしかに，2章でみたように，母親をもっとも重要だとする子どもは一定数いました。しかし，3.5歳児でも，生存を支えるという重要な支援をも含めて，友だちを重要な人としてもっとも多くあげる子どもがいるのも事実でした。そして，本研究では，父親，両親，祖父，いとこなどをもっとも重要な対象だと選ぶ子どもがいることもわかりました。さらに，少数ながら，おとなの場合と同じように，人間関係そのものにあまり関心を示さない子ども（重要な人は誰かを尋ねると「ひとりがいい」「だれでもいい」「わからない」などと答える一匹狼傾向をもつ子ども）がいることも明らかになりました。なぜ，このような個人差が生まれるのでしょう。

　本章では，「愛情のネットワーク」の主な構成メンバーが，母親か友だちか一匹狼傾向かの3種に注目して，「愛情のネットワーク」の個人差がなぜ生まれるのかについて検討してみます。まず，**1. 重要な人の選択と子どもの発達**で，この3種のいずれかを多く選ぶという個人差は子ども自身の心の発達とど

のように関連しているのかを，3章で検討した子どもの発達の視点から理解します。そして，子どもの生活環境（**2. 愛情要求の対象の選択と生活環境**）と両親のケアの性質（**3. 愛情要求の対象の選択と親のケア**）が，この「愛情のネットワーク」の個人差とどう関連しているのかを，4章で検討した子どもを取り巻く環境についての情報を使ってみてみることにします。

1. 重要な人の選択と子どもの発達

母親か，友だちか，一匹狼傾向か

PARTによる測定　母親，友だち，一匹狼傾向という対象の選択の多少とそれぞれの心理的意味の個人差は，2章で述べたように，PARTによる測定では二通りの方法でとらえられます。第一は，PARTの15枚の図版に描かれた各場面でのベストパートナーが誰であるかと尋ねられて，母親，友だち，ある

表5-1　「愛情のネットワーク」と発達の測定との関係

発達の測定	測定の時期	母親の選択数
社会・情動的発達		
①生活の質：QOL	8歳	家族得点と正の相関（4，7，8歳）
		家族得点：母親型＞友だち型
		（3.5，4，8歳）
②自己の評価	7歳	自己の評価得点と正の相関（8歳）
③母親の識別	1歳	――
（3.5歳時の母親の報告）		
④母親への愛着	6歳	――
認知的発達		
⑤絵本の理解	8歳	
⑥言語発達（PPVT）	3.5歳	――
⑦非言語発達（パズル課題）	8歳	――
⑧気質（母親の報告）	3.5歳	活動水準，順応性と負の相関（4，7歳）
		気分の統制：母親型＞友だち型（6歳）

（　　）内に統計的に有意であったPART測定時の年齢を記入している。
表中の ―― は明確な差がなかったことを示している。

98

いは，一匹狼傾向を答えるという，それぞれの回数としてです。そして，第二には，母親，友だち，一匹狼傾向のうちのどれが「愛情のネットワーク」の中でもっとも多く選ばれているかで特定する類型（母親型，友だち型，一匹狼型）の性質の差としてとらえられます。

　そこで，これらの二通りの方法で，子どもが報告する「愛情のネットワーク」の中の優勢な回答が"母親か，友だちか，一匹狼傾向か"という選択は，子ども自身の心の発達とどのように関連しているかを検討します。具体的には，3章の子どもの心の発達の測度の中で，母親，友だち，一匹狼傾向の選択の多さに関連する特徴を紹介することにします。PART の測定は3.5歳から8歳まで毎時点で実施していますので，同時点での測定と時期をずらした測定（PART の測定時期からすれば，過去と将来）との関連を検討することになります。なお，主な結果を表5-1 にまとめましたので，参考にしてみてください。

（表5-1　つづき）

友だちの選択数	一匹狼傾向の選択数
学校生活得点と正の相関(4，8歳) 学校生活得点：友だち型＞母親型 　　　　　　　　　(3.5，4，8歳) 自己の評価得点と正の相関(4歳) ――	身体的健康得点と正の相関(8歳) 自尊感情得点と負の相関(8歳) 家族得点と負の相関(4，6歳) 自己の評価得点と負の相関(4，6，8歳) ――
安定型の友だち得点が3.5歳で高い	無秩序型の一匹狼得点が4〜6歳で高い
絵本の理解と正の相関(6，7歳) 絵本の理解：友だち型＞母親型(3.5，5〜8歳) ―― パズル課題と正の相関(4，5歳) 注意と集中と正の相関(6歳) 活動水準(4〜7歳)，順応性(3.5，4歳)： 　　　　　　友だち型＞母親型	絵本の理解と負の相関(7，8歳) PPVTの成績と負の相関(4，5歳) パズル課題と正の相関(7歳) 活動水準(3.5歳)と気分の統制(5歳)と 負の相関

生活の質と重要な他者の選択　この縦断研究の最後の8歳時点（小学2年生の二学期）に測定した「生活の質」，すなわち，QOLの6つの下位得点（身体的健康，精神的健康，自尊感情，家族，友だち，学校生活）とPARTで測定した母親，友だち，一匹狼傾向のそれぞれへの回答数とが，どのように関連しているかを検討したところ，興味深いことがわかりました。

　4，7，8歳時点でPARTの母親得点が高いと8歳時点のQOLの家族得点が高く，4，8歳時点のPARTの友だち得点が高いとQOLの学校生活得点が高いという関連がみられたのです[注1]。同じ傾向が母親型，友だち型という類型間[注2]のQOL得点についてもみられました。3.5歳，4歳，8歳の各時点で，母親型はQOLの家族得点がより高く，友だち型は学校生活得点がより高いという結果でした。つまり，重要な人として母親を多く選択する子どもは家族の領域で，友だちを多く選択する子どもは学校生活の領域で，より快適に過ごしていると報告したのです。

　一方，8歳時点に一匹狼傾向が高いと，8歳時点のQOLの身体的健康得点が高く，しかし，自尊感情得点は低いという関連を示しました。そしてさらに，4歳と6歳の時点で一匹狼傾向得点が高いと，8歳時点での家族得点が低くなるという関連もみられました。つまり，一匹狼傾向が高い子どもは，自尊感情と家族の領域で思わしくないと報告していたのです。

自己の評価　7歳時点で子どもに面接して測定した自己の評価得点とPARTによる母親，友だち，一匹狼傾向のそれぞれの選択数との関係をみてみましょう。自己の評価は，さかのぼった4歳時点での友だち得点と，1年後の8歳時点での母親得点とのみ正の関連を示しただけで，母親か友だちかの選択との関係は明確ではありませんでした。そして，母親型と友だち型の類型間にも，自己の評価得点に明確な違いはみられませんでした。注目されたのは，4歳，6歳，8歳のどの時点でも一匹狼傾向得点が高いと自己の評価得点が低いことがわかったことです。

母親の識別　「母親にほかの人々とは異なる親しみを見せるか」という観点から，子どもが1歳頃に母親をほかの人と区別していたか否かを，3.5歳時点で母親に報告してもらいました。この母親の識別と，母親，友だち，一匹狼傾向の回答数の多少との間には明確な関連はありませんでした。また，母親型と

友だち型の類型間にも，この乳児期の差はありませんでした。

愛着の類型　6歳時点でドールプレイ法によって測定した母親への愛着の類型とPARTによる3種の対象，すなわち，母親，友だち，一匹狼傾向のそれぞれの得点との関連をみました。その結果，愛着の安定型では友だち得点が高いという傾向が，3.5歳時点という早い時期でのみみられましたが，母親得点との関連はみられませんでした。しかし，愛着の類型のなかで問題が多いとされている無秩序型の子どもでは，4〜6歳時点で一匹狼得点が高いことが注目されました。

母子の共同読書による絵本の理解　8歳時点には，子どもが一人で読むにはやや難しいと思われる絵本『おおきな木』（3章参照）を母子で一緒に読んでもらい，内容が理解できたかを調べました。この絵本の理解と母親得点，あるいは友だち得点との関連は，実験と同時期の8歳時点ではみられませんでした。しかし，実験時期に近い6歳と7歳の時点では，友だち得点が高いと，著者の問いかけの理解の得点が高いという関係がみられました。そして，7歳と8歳での一匹狼傾向の得点が高いと，絵本の内容の理解の成績がよくないという結果でした。また，母親型と友だち型の類型間の絵本の理解度についてみると，4歳時点を除いて，3.5〜8歳の五つの時点において，友だち型の子どものほうがよく理解していることがわかりました。

言語発達と非言語発達　母親と友だちの選択数と3.5歳時点の言語発達（PPVTによる）との関係をみたところ，PPVTの成績との関連は，どの時点でもみられませんでした。そして，母親型と友だち型の類型間にもPPVTの成績の差はみられませんでした。しかし，一匹狼傾向の回答数が高いと言語理解の成績が悪いという関連が，4歳と5歳の2時点でみられました。

　子どもの課題への取り組み方が言語課題とは異なる様子がみられた，5歳時点と8歳時点で実施した非言語発達をみる課題（パズルを完成させる課題）についてみると，4歳と5歳の両時点での友だち得点が高いと，8歳時点のパズルでのパフォーマンスがよいという関係がみられました。そして，7歳時点での一匹狼傾向の回答数が多いと，8歳時点でのパズルの成績がよいという結果もみられました。この結果は，発達をみる測度は多様なものであるべきだということを示しています。なお，母親型と友だち型の類型間にはパズル課題の成

績について差は認められませんでした。

子どもの気質　生得的な性質だとされる気質と母親，友だち，一匹狼傾向のそれぞれの選択の多少との関連を検討してみましょう。ただし，本研究では，気質は子どもの 3.5 歳時点に母親から得た報告であるという限界があります。3.5 歳時点に，「最近 1 か月の子どもの状態を思い出して」報告するように母親に依頼したものです。報告されたのは，5 種の気質（活動水準：活動が活発か，注意と集中：集中できるか，順応性：環境に慣れやすいか，気分の統制：感情のコントロールができるか，新奇性：好奇心があるか）です。

その結果，4 歳と 7 歳の各時点で母親得点が高いと気質の活動水準と順応性が低いこと，6 歳での友だち得点が高いと注意と集中が高いこと，そして，3.5 歳時点の一匹狼傾向得点が高いと活動水準が低く，5 歳時点で一匹狼傾向得点が高いと気分の統制がうまくできないという関係がみられました。そしてまた，母親型と友だち型との類型間の比較では，まず，4 歳から 7 歳までの各時点で友だち型の活動水準がより高く，そして，3.5 歳と 4 歳の時点の友だち型は順応性がより高い傾向がありました。これに対して，6 歳時点の母親型は気分の統制がより上手であるという傾向がみられました。

このように，友だちが優勢な子どもは，より活動的で，環境に順応しやすく，これに対して，母親が優勢な子どもは，気分が安定しているというように，気質の差異があるということが母親の報告からわかりました。

まとめ

ここまで，3.5 歳から 8 歳までのぞれぞれの時点で，「愛情のネットワーク」の重要な人として母親，友だち，一匹狼傾向のいずれをもっとも多く選択するかについて，子どもの心の発達の観点からみて違いがあるかどうかを検討しました。ここでは，次の 3 点に注目しておきましょう。

（1）友だちが優勢な子どもの発達　「愛情のネットワーク」の重要な人々の構成で友だちが優勢な子ども，あるいは，友だち型の子どもは，社会・情動的発達を示す 6 歳時点の安定型の愛着，8 歳時点の QOL の学校生活得点，そして，認知的発達では 8 歳時点のパズル課題，8 歳時点の絵本の内容の理解において，それぞれの結果がより優れていることが明らかになりました。さらに，

友だちが優勢な子どもは，活動水準が高く，集中してものごとに取り組み，順応性が高いという気質的な特徴が母親の報告からわかりました。

（2）友だちが優勢な子どもと母親が優勢な子どもの差　しかし，母親が優勢か，友だちが優勢か，いずれが発達的により望ましいかという判断は，簡単にはできないこともわかりました。すでに指摘したように，両者はいくつかの発達の測定で，つまり，乳児期の母親の識別，3.5歳時の言語発達，7歳時の自己の評価の測定では，明確な違いはみられませんでした。注目されたのは，気質と8歳時点でのQOL得点の差でした。母親の報告からわかったことは，友だち型の子どもは活発で積極的，母親型の子どもはおとなしく気分の統制が上手であるという気質の違いでした。加えて，QOL得点では，母親型の子どもは家族得点がより高く，友だち型の子どもは学校生活得点がより高いことが明らかになりました。つまり，両者の差は優劣ではなく，質的な違いとしてとらえるのがよいことがわかりました。

この質的な違いは「愛情のネットワーク」の内容が，より上手につきあえる人の種類を決めているからだと理解できる結果です。すなわち，母親得点が高いことは家族とどうつきあうかについての経験・知識がより豊かであることを意味し，友だち得点が高いことは多くの仲間がいる学校でどう行動するかがよりよくわかっていることを示していると考えられます。したがって，家族との交渉に似た場面では母親が優勢な，あるいは，母親型の「愛情のネットワーク」をもつ子どもがより有利であり，子どもとのつきあいが必要な学校生活では友だちが優勢な子ども，あるいは，友だち型の子どもがより有利だと考えられます。この「愛情のネットワーク」がもたらす人間関係についての得意分野の違いは，1章で紹介した類型による行動の違いをみせた幼稚園児の実証研究の結果（p.33参照）を支持するものです。

（3）一匹狼傾向の強い子ども　愛情要求の相手を問われても明確に誰であるかを報告しない子どもは，パズル課題を除くほとんどすべての発達の測度での結果が思わしくなく，QOLや自己の評価では，子ども本人も，生活し難いと感じているという結果を示しました。

以上のように，「愛情のネットワーク」のなかで母親が優勢か，友だちが優勢か，一匹狼的回答が多いか，という愛情要求を向ける重要な人々の選択の特

徴に注目してみると，3.5歳から8歳までの心の発達に，いくつか違いがある
ことがわかりました。

　では，この重要な人々の選択の違いは，なぜ生まれるのでしょう。この「愛
情のネットワーク」の個人差が生まれる理由は，子どもを取り巻く環境の性質
によってどの程度説明できるでしょう。以下では，この問題を検討します。

2.　愛情要求の対象の選択と生活環境

生活環境の差異

　子ども仲間との接触経験　3.5歳時点での生活環境について，母親の報告に
よってほかの子どもとの接触の状況をみると，母親が優勢か，友だちが優勢
か，一匹狼傾向の回答が多いかという3群の子どもは，保育所・幼稚園に在籍
しているか，音楽教室のレッスンの仲間とうまくやれているかについては差が
なく，また，友だちの数にも差は認められませんでした。

　3.5歳時に母親から「友だちが一人もいない」と報告された子どもが4人い
ました。この4人のうち，音楽教室の仲間にもなじめていないとされたのは2
人の男児でした。彼らは，1人は幼稚園に在籍し，もう1人はすでに別の集団
での仲間経験がありましたが，母親はレッスン場で仲間にうまく入れていない
と報告しました。そこで3.5歳時点での「愛情のネットワーク」の類型をみる
と，2人は母親型でした。子どものもっている母親が優勢な「愛情のネット
ワーク」が，子ども仲間との行動を妨害したり，あるいは，仲間を必要だとさ
せなかったのではないかと考えられます。音楽教室の仲間に慣れるためには，
母親型の子どもにはしばらく時間が必要であろうと考えられます。だからと
いって，母親型が不利だなどと考えるべきではありません。これは個性だとと
らえるべきです。「友だちがいない」と報告された残りの2人はレッスンの仲
間にはなじめていると報告されました。1人の女児は友だち型，一方の男児は
父親型でした。

　きょうだいがいること　この研究の子どもは3.5歳時点で一人っ子が60%を
占め，二人きょうだいが35%，そして，三人きょうだいの子どもが3人いま
した。また，調査の開始時点で72%が第一子でした。きょうだいの数と母親，

友だち，一匹狼傾向のそれぞれの回答数との関連をみると，3.5 歳時点できょうだいがいると，3.5 〜 6 歳，そして，8 歳の各時点で，母親の選択数が少ないという結果がみられました。つまり，きょうだいがいると母親の選択数が減るという関係でした。ただし，きょうだいの数と友だちの選択数とは関連がみられませんでした。さらに，母親型と友だち型の類型間にはきょうだいの数についての差はみられませんでした。

きょうだいの存在が母親の選択数を減らすのは，きょうだいがいると一人ひとりの子どもの母親との接触量が減るためでしょう。しかし，それが直ちに友だちの選択数を増やすことにはならないことが確認されました。なお，その後の 4 歳，5 歳，6 歳の時点できょうだいが生まれた子どもが，それぞれ 2 人ずつ報告されました。この合計 6 人にはきょうだいが生まれた時点で母親型であると特定された子どもはいませんでした。4 人が数種の人を選択する多焦点型で，残りの 2 人は友だち型と両親型でした。一匹狼傾向ときょうだいの数には関連がみられませんでした。

報告されたライフイベント　4 〜 6 歳までは年 1 回，小学校入学後は春（一学期）と秋（二学期）の 2 回，合計 7 回，同じ 28 〜 30 項目のチェックリストを用いて，子どもの生活環境でのライフイベントを母親に報告してもらいました。そこで，4 章で分析したように，家族内のイベント（きょうだいが生まれた，母親が働き始めた，親が離婚した，など 11 項目），友人関係についての肯定的イベント（友だちと上手につきあっている，など 3 項目）と否定的イベント（友だちにいじめられた，など 3 項目），そして，全項目から非常に否定的なイベント（友だちにいじめられた，子ども本人が入院した，家族内でもめごとがあった，親の経済状態が悪化した，両親が離婚した，など 8 項目）を選んで，これらの 4 種のイベント群のそれぞれと，母親，友だち，一匹狼傾向のそれぞれの選択数との関連をみてみました。しかし，ライフイベントの 4 群のそれぞれと 3 種の対象の選択数との間には明確な関係はみられませんでした。そして，母親型と友だち型という類型間にもライフイベント 4 群についての差はありませんでした。

そこでさらに，3 種の対象の選択にかかわるであろうと思われるライフイベントに注目してみることにしましょう。まず，友だちについてのライフイベン

トの中で多くの母親が報告したのが「友だちにいじめられた」というもので，とりわけ4歳時点では15人の子どもについて報告されました。そこで，この体験が子どもの3種の対象の選択について4歳時点，そして，5歳と6歳のそれぞれの時点に影響するかをみたところ，それぞれの選択数においても，また，類型においても，この"いじめ"の影響らしいものはみられませんでした。本研究の子どもは，4歳時に22人が幼稚園に入園したために，母親が報告したのは集団生活への初期の適応過程で起こったトラブルであったのでしょう。

　次に「母親が働き始めた」というライフイベントの影響についてみてみました。本研究の協力者の家庭では，3.5歳時点では77%がいわゆる専業母親でしたが，4歳から8歳の秋の調査の最終時点まで毎時点1〜3人計12人の母親が仕事に就いて働き始めたと報告しました。そこで，母親が仕事を始めた前後で子どもの「愛情のネットワーク」の類型が変化したかをみてみます。まず，4歳で母親が働き始めた女児2人は，3.5歳時点では友だち型であったのが，それぞれ母親型と父親型という家族が優勢な類型に変化しました。しかし，母親の就業が5歳以降の場合では，類型が変化した場合でも友だち型と多焦点型への変化で母親型に変化した子どもはいませんでした。5歳になると，母親が働き始めるというイベントの影響が，直接母子関係を変えるほどには，働かないことを示す結果でした。

　2人の女児がそれぞれ4歳と5歳の時点に「親の離婚」を経験しました。子どもたちは親の離婚直後に，それ以前の母親型と両親型から多焦点型へと移行し，その翌年からは8歳まで一貫して母親型であると特定され，親の離婚が，おそらく，女児の"母親を重要な人として選択する傾向"を強めたであろうことが示唆されました。そして，離婚前後にはそれぞれ11〜12個のライフイベントが報告され，離婚は（少なくとも母親からみると）子どもにとっても大きな出来事であったことがうかがわれました。

まとめ

　ここまで，子どもの人間関係にかかわる生活環境の様子をみてきました。2点について注目しておきましょう。

（1）**子どものきょうだいの有無**　3.5歳時点にきょうだいがいると，7歳を除く8歳までの各時点で母親の選択数が減るという結果でした。しかし，きょうだいがいることは友だちの選択数や一匹狼傾向の増大にはつながらないことがわかりました。

（2）**ライフイベントの影響**　友だちにいじめられた，母親が働き始めた，両親が離婚した，などのライフイベント前後での「愛情のネットワーク」の類型の変化に注目してみました。それぞれのイベントが直ちに子どもの「愛情のネットワーク」に影響するとは決められませんが，事例を検討してみると，重要なライフイベントの有無は類型が変動する理由のひとつとはなりうることが示唆されました。単一焦点型（重要な人の中で誰か1人がとりわけ重要だと選択される類型。たとえば母親型，友だち型）の子どもにその中心（焦点）の人物について重要なイベントが起こると，いったん，その対象から離れて多焦点型へと変化することがわかりました。それまでの中心の人物に重大な事柄が起こると，さまざまなほかの対象の有効性を吟味するのであろうと理解されます。

ここまで述べた生活環境についての結果と，次の3で述べる親のケアと愛情要求の対象の選択との関連についての主な結果を表5-2にまとめましたので，参考にしてください。

3. 愛情要求の対象の選択と親のケア

子どものつくる「愛情のネットワーク」において母親が優勢か，友だちが優勢か，あるいは，一匹狼傾向の回答を多くするかという対象の選択に，4章で検討した親の子どもへのケアがどのように関連するかを検討してみましょう。

ケアについての親の感情

親のケアについての3種の感情　ケアの感情（肯定感，制約感，分身感）を，子どもが4，6，8歳の3時点で同じ尺度によって繰り返し測定しました。この3種の親のケアの感情は以下のように，重要な対象の選択にそれぞれ影響を与えていることがわかりました。

107

表 5-2　愛情要求の対象の選択数の増減と生活環境・親のケア

対象	増減	母親のケア	父親のケア	母子交渉・その他
母親	増える	肯定感(6歳)7歳 分身感(6歳)8歳 制約感(4歳)8歳 父親のケアへの満足 (3.5歳)3.5歳	 ケアの参加 (3.5歳)3.5, 5歳	母親の熱意の欠如 (8歳)3.5, 5歳 母親の非統制 (8歳)3.5歳
	減る	分身感(4歳)4歳	肯定感(4歳)6歳 肯定感(6歳)6, 8歳 制約感(4歳)5歳 ケアの参加(7歳) 6, 7歳	母親の言葉かけ (8歳)3.5, 5歳 母親の受容(8歳) 3.5歳 きょうだいがいる 3.5〜6, 8歳
友だち	増える	分身感(4歳) 4, 5, 8歳 父親のケアへの満足 (3.5歳)5歳 自信の欠如 (7歳)5, 6, 8歳	分身感(4歳)8歳	母親の言葉かけ (8歳)6, 8歳 母親の受容(8歳) 7歳
	減る	制約感(4歳)8歳 制約感(8歳)8歳	ケアの参加(3.5歳)5歳	
一匹狼 傾向	増える	制約感(4歳)6歳 制約感(6歳)5, 6歳 自信の欠如(7歳)3.5歳	制約感(6歳)6歳	母親の熱意の欠如 (8歳)6〜8歳 母親の非統制(8歳)8歳
	減る	肯定感(6歳)5, 6歳 分身感(6歳)8歳		母親の言葉かけ (8歳)8歳

（　　）内の年齢は調査の時期を示す。
各行の年齢は，統計的に有意であった年齢を示す。

　母親の分身感　4歳時点での母親の分身感は，同時点での子どもの母親の選択数と負の関連（分身感が増えると選択数が減るという関係）を，そして，4, 5, 8歳時点での友だちの選択数とは正の関連（分身感が増えると選択数も増えるという関係）を示しました。しかし，6歳時点での母親の分身感は，8歳時点での子どもの母親の選択数と正の関連を示しました。この結果について

は，母親が4歳時点で分身感をもつと，子どもは母親の愛情に自信を得て友だちとの関係を強める勇気をもつという解釈も可能でしょう。しかし，母親が6歳時点で分身感をもつと，8歳になった子どもはその母親の気持ちにこたえるかのように，母親の選択数を増やすことがわかりました。子どもの年齢によって，母親のケアについての感情の受け取り方が変わることが示唆されました。

　母親の肯定感と制約感　予想に反して，母親の育児についての肯定感は子どもの母親の選択数とは明確な関連を示しませんでした。母親が肯定的であるのは，あたりまえのことだと子どもが受け取っているからかもしれません。わずかに，6歳時点での母親の肯定感は7歳での母親の選択数と正の関連があることがわかりました。つまり，母親の子どものケアを肯定する気持ちが，7歳になると子どもの母親への気持ちを強めていると考えられます。

　一方，母親の否定的なケアの感情である制約感についてみると，4歳時点の制約感は8歳時点での母親の選択数と正の関連を示し，4歳と8歳の時点での制約感は8歳時点での子どもの友だちの選択数と負の関連がありました。4歳時点で母親が制約感を感じていると，8歳になった子どもが母親への気持ちを強めるということは，注目すべきことでしょう。8歳になった子どもは母親のケアについての悩みを感じ取っているのかもしれません。

　父親のケアの感情　父親のケアについての感情は，子どもの父親の選択数とはほとんど無関係でした。これは日本の父親の多くが子どものケアに参加していないという事実，それに，父親は愛情関係の中では重視されないという文化の影響が加わっているせいだといえましょう。

　父親のケアの感情の子どもへの影響は，主に子どもの母親の選択数へのそれでした。すなわち，4歳時点での父親のケアの感情は，制約感が5歳時点での，肯定感が6歳時点での母親の選択数と負の関連を示し，そして，6歳時点での父親のケアの肯定感も6歳と8歳の時点での母親の選択数と負の関連を示しました。このように，父親のケアの感情は，その感情が肯定的か否定的かを問わず，母親の選択数を減らすように働くことが注目されます。そして，4歳時点での父親の分身感が8歳時点での友だちの選択数と正の関連を示すという興味深い事実もみられました。

　母親型と友だち型の差異　親のケアの感情と母親型と友だち型という類型と

109

の関連についてみたところ，類型間の差がみられたのは両親ともに分身感についてでした。まず，4歳時点で測定した分身感の得点は，両親とも5〜8歳時点まで友だち型が母親型よりも高いことがわかりました。つまり，4歳時点での両親の分身感は子どもが友だちを大切に思うように働くということを示しました。そして，4歳時点と6歳時点の母親の肯定感の得点は母親型のほうが高いという結果でした。

　一匹狼傾向と親のケアの感情　親のケアについての感情と一匹狼傾向との関連について注目すべき結果が得られました。子どもの一匹狼傾向は母親の肯定的なケアの感情によって減少することが示唆されたのです。すなわち，6歳時点の母親の肯定感は5歳と6歳の時点での，そして，6歳時点での分身感は8歳時点での一匹狼傾向と負の関連を示しました。そして，母親の否定的なケアの感情は子どもの一匹狼傾向を増やすという結果が得られました。すなわち，4歳時点での母親の制約感は6歳時点での一匹狼傾向と，6歳時点での母親の制約感は5歳と6歳の時点での一匹狼傾向とそれぞれ正の関連がみられたのです。そして，父親についても，6歳時点での父親の制約感は同時点の子どもの一匹狼傾向と正の関連を示しました。つまり，親，とくに母親が子どものケアに肯定的であると，子どもの一匹狼傾向は増加しないという関係であることがわかりました。

父親のケア・家事への参加と母親の満足感

　父親のケア・家事への参加の影響　子どもの愛情要求の対象の選択に及ぼす父親の影響が弱いのは，前述のように，父親のケア・家事への参加そのものが少ないためであることが予想されます。実際，3.5歳と7歳の時点での父親のケア・家事への参加の程度は子どもが愛情の対象として父親を選択する程度との間には関連がみられませんでした。しかし，3.5歳時点の父親のケア・家事への参加の程度の高さは，子どもの3.5歳と5歳の時点での母親の選択数とは正の関連を示し，5歳時点での友だちの選択数とは負の関連を示しました。そして，7歳時点での父親のケア・家事の参加度は6歳と7歳の時点での母親の選択数と負の関連がありました。

　さらに，3.5歳時点での父親のケア・家事の参加についての母親の満足度

は，3.5歳時点の子どもの母親の選択数と正の関連を示しました。また，母親型と友だち型の類型についてみてみると，父親のケア・家事の参加についての母親の満足度の得点は，3.5歳時点では母親型のほうが高いのに対し，5歳では友だち型のほうが高いという結果を示しました。しかし，6歳以降では二つの類型間には差はみられませんでした。なお，父親のケア・家事への参加の程度，そして，それについての母親の満足度は，いずれも子どもの一匹狼傾向の増減とは関連しませんでした。

ケアについての親の自信の欠如　子どもが7歳時点に，両親にそれぞれ自分の子どものケアについて自信がもてているかを尋ねました。自信の欠如の程度を聞くという方法で調査したところ，母親のほうが強く自分のケアに自信がないと報告しました。この自信の欠如と子どもの母親と友だちのそれぞれの選択数をみてみると，母親の自信の欠如の程度と，5歳，6歳，8歳での子どもの友だちの選択数との間に正の関連があることがわかりました。母親が育児に自信を欠いていると，子どもは友だちを愛情の対象として選ぶ傾向があるということです。また，母親の自信のなさは3.5歳時点でのみ一匹狼傾向と正の関連をみせました。

絵本の共同読み場面でみられた母親のケアの行動

母子交渉の差異　8歳時点における母子の絵本の共同読み場面での母親の子どもに対する行動の特徴を取り出して，四つ（母親の言葉かけが有効か，母親が子どもの行動を受容するか，母親が課題に対する熱心さに欠けるか，母親が子どもの課題から逸脱する行動を制御できるか）にまとめました（表4-2参照）。この実験場面での母親の行動と子どもの母親と友だちのそれぞれの選択数との関連には，興味深い結果が得られました。まず，実験場面での母親の言葉かけの多さは，子どもの3.5歳と5歳の時点での母親の選択数と負の関連を示し，実験場面で母親が子どもの行動に受容的であることも3.5歳時点での母親の選択数と負の関連を示したのです。そして，実験場面で母親が課題遂行に消極的で，子どもを課題に集中させられない傾向は，3.5歳と5歳の時点での母親の選択数と正の関連を示しました。つまり，8歳の実験場面で子どもを放任し，熱心にかかわらない母親を，子どもは3.5歳と5歳の時点で愛情要求を

向ける対象として選んでいたということです。そして，実験場面で母親が言葉
をかけ，受容的な場合には，6，7，8歳の各時点で子どもが友だちを多くもつ
という結果も興味深いといえましょう。このように，子どもの年齢によって，
子どもが歓迎する親の働きかけ方が異なることが示唆されました。なお，友だ
ち型と母親型という二つの類型間を比較してみると，この実験を実施した8歳
時点での母親の行動について差はみられませんでした。

　一匹狼傾向の強い子どもの母子交渉　この実験でもっとも顕著であったのは
一匹狼傾向の選択数に関してでした。すなわち，8歳時点での子どもの一匹狼
傾向は，実験場面での母親の言葉かけの少なさ，熱意のなさ，そして，逸脱行
動を制御できない傾向の多さといずれも正の関連を示しました。そして，母親
の言葉かけが多いと一匹狼傾向は減少しました。つまり，一匹狼傾向は子ども
と母親との関係が親密ではないことを示しているといえましょう。この実験で
は，一匹狼傾向を多く回答する子どもと母親との関係の一端が見えたといえま
しょう。

親の個人化志向

　先に4章で，5歳時点で測定した母親の個人化志向は母親のケアの感情には
関連しないことを確かめました。それは母親が家族の中で個人化を望んでも，
実際には，まだ幼い子どものケアから手を引くことができないという現実があ
るからではないかと考えました。母親の個人化志向は子どもの母親，友だち，
そして，一匹狼傾向の選択数とも関連しませんでした。そして，父親の個人化
志向も子どもの愛情要求の対象の選択とは関連しませんでした。親の個人化志
向は，少なくともこの時期の子どもには直接には影響が及ばないということで
しょう。

なぜ，男の子は一匹狼型になるのか

　3.5歳の一匹狼型　この縦断研究に参加した65人の子どもの3.5歳から8歳
までの6回のPARTの測定で，一度でも一匹狼型と判定された子どもは8人い
て，すべて男児でした。そして，もっとも幼い一匹狼型の男児は3.5歳でした。

　3.5歳の一匹狼型がありうるのかと疑われるかもしれません。3歳児の回答

112

であるため，たとえば，調査の直前に母親に叱られたというような"事件"が一匹狼的な回答を増やしたのではないかという事情なども考えられます。

　この男児は，PARTによる愛情行動の中心ともいえる心理的機能2（心を支えてほしい）と心理的機能3（自信をもたせてほしい）を示す計6枚のカード（具体的な内容は表1-2参照）のうち，2枚で母親を指名し，父親と友だちを1枚ずつ，そして，残りの2枚では「わからない」と答えました。そして，3.5歳時点での別の面接調査の中では母親が「好き」だと答えています。しかし，一番好きな人は誰かという質問には友だちの名前をあげました。そして，彼はPARTの半数以上の図版で「だれでもいい」あるいは「わからない」と答えて，一匹狼型と判定されました。このように，この3.5歳児は自分の気持ちを明確に答えているといえましょう。ちなみにこの男児は，その後4歳から8歳までの5回の測定では，一度も家族型と判定されることはありませんでした。

　一匹狼傾向と母子関係　それぞれの一匹狼型の子どもの3.5歳から8歳までの全6回の類型を調べてみると，一度でも母親を単一の焦点とする母親型と判定された子どもは3人でした。図5-1は，全6回のPARTの回答（合計は15枚×6＝90）において母親，父親，友だち，一匹狼傾向が選択された回数の平

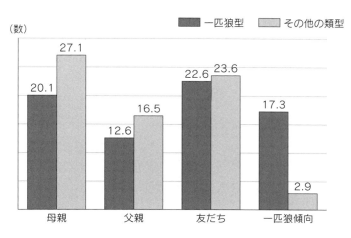

図5-1　一匹狼型とその他の類型における母親，父親，友だち，一匹狼傾向の選択数の平均（全6回のPARTの測定による）

均を示しています。2本ずつ並んだ棒グラフのうち，左側は一匹狼型の子ども
の回答数の平均値を，右側はその他の子ども全体の回答の平均値を示していま
す。このグラフに見るとおり，一匹狼型の子どもの特徴としては一匹狼傾向の
得点が高いことは当然ですが，母親の選択数が明らかに少ないことが注目され
ます。そして，友だちと父親を選択した回数では，有意な差がないことがわか
りました。

　6回の面接で母親を「嫌い」だと一度でも答えた子どもが，本研究の全協力
者65人のうち6人いました。1人を除いて，子どもが母親を嫌いだと答えた
時点での母親のPARTでの回答数は，15枚の図版中0～3枚ときわめて少な
く，「嫌い」と答えた6人のうちの2人は一匹狼型でした。そして，前述のと
おり一匹狼傾向は母親の否定的なケアの感情と関連していることもわかりまし
た。ただし，一匹狼型の子どもを取り巻くライフイベントについて検討してみ
ましたが，とくに関連するイベントは特定されませんでした。

　男児に対する母親のケアの自信の欠如　4章で，親のケアが子どもの性に
よって異なる点があることを指摘しました。母親のケアでとくに注目されたの
は，母親が男児のケアに「自信がもてない」とより多く報告したことでした。
そこで，一匹狼型の8人のうち回答のあった4人の母親の自信の欠如の得点を
みると，12～15点に分布し，平均は14.0点でした。この母親たちは全体の平
均点（12.9点）からみるとより自信がないと報告していることがわかります。
ちなみに，父親は5人が回答し，5～16点に分布し，全体の平均と同程度で
した。

　なぜ，母親は男児のケアに自信がもてないのでしょう。本研究ではこの問い
に直接答えるための調査はしていませんが，考えられる理由を二つあげておき
ましょう。第一に，精神分析学の立場の研究者が指摘してきたように（たとえ
ば，チョドロウ，1981），母親が「息子は異性である」と，息子との生物学的
な性の違いを意識することが一因ではないかと思われます。そのために，何か
子育てで問題があると“性が異なる”男の子について「よくわからない」「育
てにくい」という気持ちが強くなることが予想されます。第二に，母親が息子
のケアに自信がもてないのは，現在でもまだ存在する「男性らしさ」について
の文化（男の子は活発で，積極的で，意志が強く，おとなになったら経済力が

なければならないなどというような社会通念）に影響されているからではないかということです。それは，3.5歳時点での母親との面接で「お子さんの成長について心配なことがありますか」と尋ねたところ，一匹狼型と後に判定されることになった8人のうち6人の男児の母親が，甘えん坊，落ち着きがない，泣き虫，弱虫などという表現で，わが子の問題を報告したことでした。つまり，「男の子らしくない」とされる特徴を苦にしていることが推察されるような回答をしたのです。

男児の発達の特徴　さらに考慮すべきであるのは，女児と男児の間にみられた心の発達の差です。

第一には，2章で述べたように，男児のほうが人間関係を広げることについてより消極的だということです。男児は女児に比べ，重要な人々としてあげる人の種類がより少なく，友だち型がより少なく，母親型あるいは両親型がより多い，という特徴がありました。つまり，男児のほうが人間関係の拡大に消極的であるところから，愛情要求の対象として，親，とくに母親をより多く選択するようになります。母―娘関係の親密さを指摘する社会通念とは逆に，少なくとも幼児期には，男児のほうが「お母さん子」が多いという結果でした。しかし，図5-1に見るように，一匹狼型の男児は母親を愛情要求の対象にすることがより少ないこと，しかも，母親に代わるほかの対象が見つけられていないことが考えられます。

第二には，3章で述べたように，男児は女児に比べていくつかの発達の測定での成績がよくないことです。そのために，母親は男児により手をかけることになるでしょう。実際に，8歳の絵本の共同読み場面でみたように，言語発達がより劣る男児に，母親は女児に対してよりも多くの援助をしています。しかし，実際には，母親は課題に興味を示さない男児をうまく課題に取り組ませることができませんでした。そして，あきらめてしまっているかのようでした。

今日では，性を女と男に二分するのは生物学的に難しいという事実が認められ，そして，性の別なく子どもを育てることが奨励されています（高橋ほか，2022）。また，実際に発達上の性差はごくわずかであることも明らかにされてきました（Maccoby, 1998）。それでもなお，前述のような生物学的および社会・文化的な理由によって，少数とはいえ一匹狼型が男児により出現しやすい

のだと考えられます。

4. まとめ

　子どもの母親，友だち，一匹狼傾向の選択に関連する，あるいは影響する環境要因についての調査結果をみてきました。以下にまとめたように，対象の選択には確かに生活環境と親のさまざまなケアが，多少は，そして，複雑なやり方でかかわっていることがわかりました。4点についてまとめておきましょう。

　(1) 母親の選択数に影響する要因　愛情要求の対象として母親の選択数を増やすのは，3.5歳から5歳の幼い時には，父親がケアに参加すること，それを母親が満足していることでした。このように，5歳くらいまでには，父親がケアに参加し母親もそれに満足しているという家族関係の中で，母親の選択数が増えることがわかりました。

　興味深いことに，母親自身の在り方が子どもの母親の選択数を増やすように働くのは，7歳以降のことでした。母親が子どもに対するケアを肯定し，子どもに分身感をもつと，7, 8歳時点で子どもの母親の選択数が増えるという結果でした。子どもの側の母親の感情についての認知能力が進歩し，子どもが母親の自分への愛情に対して，母親を愛情要求の対象として選ぶという仕方で応えていると理解できます。また，注目されるのは，4歳時点で母親がケアに制約感をもっていると8歳時点で子どもが母親を選択して応じていることです。これは，子どもが母親に愛情を与えているともいえ，おとなと子どもの役割が逆転しているともとれます。

　逆に，子どもの母親の選択数を減らすのは，4歳時点では母親が分身感をもつこと，父親がケアに肯定感と制約感をもつことでした。そして，6歳以降では，父親が肯定感をもち，7歳時点で育児に参加することでした。つまり，母親の選択数の減少には，父親のケアやその感情が影響していることが注目されます。父親のケアの感情はたとえ肯定的なものであっても子どもの父親の選択数を増やすことはなく，子どもの母親の選択数を減らし，友だちの選択数を増やすという影響を与えていることが注目されます。そして，この縦断研究の子どもでは，きょうだいがいてもせいぜい1人でしたが，きょうだいがいると母

親の選択数が減るという影響がみられました。

（2）**友だちの選択数に影響する要因**　友だちの選択数が増えるように働く親のケアとその感情は，4歳時点での母親と父親の分身感，そして，3.5歳時点での父親のケア・家事参加への母親の満足感，7歳時点での母親のケアについての自信の欠如でした。つまり幼い時には，両親が分身感をもつほどに子どもを受容すると，友だちの選択数が増えるという興味深い結果になりました。親に愛されているという子どもの自信や気持ちのゆとりが，子どもの友だちの受け容れを可能にしているということでしょう。これらの親のケアの感情は先にみたように，母親の選択数を減らす要因でもありました。逆に，友だちの選択数が減るのは，母親がケアに制約感をもち，父親がケアに参加することでした。これらは，母親の選択数を増やす要因でもありました。

（3）**母親型と友だち型の差**　類型間の両親のケアの差はほとんどみられませんでした。わずかにみられたのは，母親と父親のそれぞれの分身感の得点が，友だち型のほうが高い傾向があり，母親の肯定感が母親型のほうがより高い傾向があるという程度でした。

（4）**一匹狼傾向の増減に影響する要因**　子どもの一匹狼傾向の回答を増やすのは，母親と父親のケアについての否定的感情である制約感でした。そして，一匹狼傾向を減少させるのは，母親の肯定感と分身感というケアについての肯定的感情でした。つまり，一匹狼傾向の強い子どもは母子関係が疎であること，ほかの類型の子どもに比べて母親を重要な人として選ばないことが特徴でした。

そして，一匹狼型が男児に生じるのは，母親が男児との生物学的な性の違いを感じていること，そして，「男らしく」育てなくてはならないという社会通念を受け容れていること，少なくともこれらの二つの要因がかかわっていることが考えられます。何らかの理由でこのように母親とうまく関係がつくれず，しかも，その代わりになる対象を見つけられない場合に生まれる類型だといえそうです。

注1）　3.5歳から8歳まで（計6回）測定した母親，友だち，一匹狼傾向のそれぞれの選択数が，子どもの発達の測度での成績（全8種）とどのように関連してい

るかをみるために，それぞれの選択数と発達の成績との関係を相関係数で確か
めた。ただし，発達の成績が単独にではなく，いくつかの発達の成績が同時に
対象の選択に影響を与えている可能性があると考えられる。その際には予想さ
れる発達の成績との関連は偏相関係数によって検討した。表 5-1，表 5-2 はい
ずれも p 値が 5% を下回る（$p<.05$）場合を記載している。

注 2）　母親型，友だち型，一匹狼型という類型間の差異については，一匹狼型は各
年齢時点で 1～3 事例しかみられないために，統計的な検討にかけるのは適当
ではない。したがって，本章での類型間の比較は，母親型と友だち型の 2 類型
間のみについて，類型の平均値の差を検定して確かめた。

引用文献

チョドロウ，N.　大塚光子・大内菅子（訳）（1981）．母親業の再生産──性差別の心理・社
会的基盤　新曜社　Chodorow, N. (1978). *The reproduction of mothering*. University of
California Press.

Maccoby, E. E. (1998). *The two sexes: Growing apart and coming together*. Harvard Uni-
versity Press.

高橋惠子・大野祥子・渡邊寛（編著）（2022）．ジェンダーの発達科学　発達科学ハンドブッ
ク 11　新曜社

6 章

母親，父親，そして，子どもの「愛情のネットワーク」

　2章では，子どもが複数の親しい重要な人々を選んでつくった自分の「愛情のネットワーク」を頭の中にもっていると考えられることを示すデータを紹介しました。子どもが選んだ「重要な人々」とは，母親，父親，きょうだい，祖父，いとこ，おば，友だち，保育所や幼稚園の先生など，多種多様でした。これらの人たちについて，子どもは，誰がなぜ必要か，そして，その気持ちがどれほど強いかを区別していました。しかも，これらの「重要な人々」はいくつかの心理的機能を分担しているために，互いに関連しあってネットワークをつくっていると理解するのがよいことがわかりました。このように，子どもは自分にとって重要な人々を選んで「愛情のネットワーク」をつくっているために，すでにみてきたように，このネットワークには個人差，つまり，個性があることも明らかになりました。

　多くの場合，子どもは自分が選んだ重要な人々のそれぞれがつくる「愛情のネットワーク」の中に，その人の重要な人々のひとりとして含まれ，心理的機能のいくつかをある強さで割り振られていると予想されます。「きっと自分のことを大切に思ってくれているであろう」と信じて，子どもはその人を選んでいるはずです。人と人との親しい関係は，たいていは相思相愛の相手との間に成立するのが普通だからです。

　この人と人との「愛情のネットワーク」の相互の関係を理解する例のひとつとして，本章では，母親と父親が報告したそれぞれの「愛情のネットワーク」の内容を明らかにしたうえで，両親間の，そして，親子間のネットワークが相

119

互にどのように関連しているかをみることにします。母親と父親のネットワークの内容はどう関連しているか，そして，子どもはそれぞれのネットワークの中にどのように位置づけられているかを検討してみましょう。

1. 母親と父親の「愛情のネットワーク」

「愛情のネットワーク」の測定

　両親それぞれに回答してもらい，母親と父親のそれぞれの「愛情のネットワーク」を調べました。子どもが成長し，親の対人行動の対象になるであろうと予想される幼児期の終わりの6歳，そして，小学校入学後の生活もそろそろ落ち着いてくるであろうと思われる8歳（小学2年生）の二つの時点に，両親に自分の「愛情のネットワーク」を報告してもらいました。

　この調査には1章で紹介したおとな用の「愛情のネットワーク」を測定する調査票 ARS を使い両親のそれぞれに，自身の人間関係について回答してもらいました。1章で述べたように，おとな用の ARS は子ども用の PART と同じ理論にもとづいてつくられていますので，親子の関連をみることが容易にできます。

　ARS を使って，親それぞれに，愛情要求の6種の心理的機能（幼児用と同じ5種に，心理的機能6「他者を援助したい」を加えた6種）を表現している12項目（6種×2項目）（表1-1参照）について，配偶者，子ども（数人いる場合には，本研究に参加している子どもについて回答），親自身の母親と父親，そして，もっとも親しい同性の友だちの計5人についての愛情要求の状態を報告してもらいました。これによって，愛情要求のどの心理的機能を，どの程度強く，誰に向けているかがわかります。しかし，この5人のほかにも重要な人がいる可能性があります。そこで，「その他の重要な人」について回答する調査票も用意し，希望する人には5人に加えてその人についても回答し，それが誰であるかを報告してもらいました。

　その結果，「その他の重要な人」についても回答したのは約半数の親でした。報告されたのは，子どものきょうだい，親自身のきょうだい，義理の親，回答したのとは別の友人，職場の同僚，信仰の対象（神）などから選ばれた1

人についてでした。しかし，これらの人たちの得点は2人の母親を除いてそれほど高くありませんでした。この2人の母親は10代の子ども（調査に参加している子どもの兄）と自分の妹について回答し，それぞれにネットワークの中の最高点を与えていました。

5人の対象への愛情要求　6歳と8歳の2時点で親自身の重要な人々への愛情要求得点の傾向をみるために，5人の各対象に向けられた愛情要求の合計得点の平均値を出しました。ARSは12項目について1～5点の5段階で答えるので，各対象の得点は最低12（1点×12項目）点から最高60（5点×12項目）点までに分布する可能性があります。5段階のうちの段階3「どちらでもない」にすべての項目で回答すると36（3点×12項目）点になります。そこで，36点以下の時には愛情要求がその人について相対的に弱いとみなすことにしました。

図6-1には，子どもが6歳時点の両親の各対象への得点の平均値を示しました。6歳と8歳の時点の得点はよく似ていて，同じ対象の得点の相関は母親も父親もきわめて高いことがわかりました。重大な出来事がないかぎり，おとなの「愛情のネットワーク」は2年くらいの間は安定しているということでしょう。

図6-1を見ると，各2本のグラフの左側の母親の得点が右側の父親のそれよりも，すべての対象についてより高いことがわかります。女性のほうが愛情

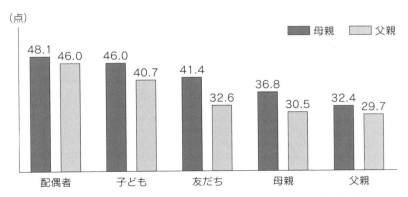

図6-1　母親と父親の5人の対象への愛情要求得点の平均値（6歳時点）

要求の得点が高いという傾向は，ARS のほかの調査でも常に認められてきたことです。母親も父親もともに配偶者と子どもの得点が高く，次が，友だち，自分の母親，父親の順になっています。統計的な分析をすると，母親では配偶者と子どもの得点間に差がなく両者の得点がほかの人よりも高いのですが，父親では配偶者の得点がとくに高いことがわかりました。また，子どもの性別によって，親の「愛情のネットワーク」の中の子どもの得点に差があるかを検討してみました。その結果，子どもと親が同性の場合に，異性の場合よりも，子どもへの愛情要求の得点が有意に高いことがわかりました。親は同性の子どもにより親しみを感じているようです。

　さらに，回答された 5 人の間の ARS 得点の関連をみると，母親と父親の回答の傾向が異なることがわかりました。母親の回答では，5 人の中でもっとも相関が高かったのは自分の両親間で，子どもと自分の両親間，友だちと自分の両親間にも得点間に有意な関連がありました。しかし，配偶者（夫）の ARS 得点は誰の得点とも関連がなく，夫はほかの人たちから区別されていました。ところが，父親の場合には，5 人の間のすべての ARS 得点の関連が強いことがわかりました。相手の区別はしていても，5 人の誰にでも相当量の愛情要求を向けていると報告しました。とくに相関が高いのは自分の両親間，自分の父親と子ども，配偶者（妻）と子どもであり，もっとも小さい相関係数は妻と自分の両親と友だち間でしたが，いずれも統計的に有意な関連だとされました。そして，これらの母親と父親の愛情要求の向け方の違いは，8 歳時点の調査でも同様にみられました。

　これらの結果は，女性と男性の人間関係への関心の違いによるものだと思われます。図 6-1 が示すように，まず，男性の人間関係の要求の強度そのものが女性よりも弱いことが注目されます。これには，男性が人間関係に関心をもつことについての文化（たとえば，人間関係に深く関心を寄せることは男らしくないとする社会通念や習慣）が影響しているためであろうと理解できます。したがって，男性もそれぞれの人々の区別はそれなりにしているものの，女性に比べて人間関係への関心そのものが弱いといえるでしょう。これが親全体の傾向です。

　母親と父親の「愛情のネットワーク」 では，両親それぞれの「愛情のネッ

トワーク」の内容に注目してみましょう。1章で述べた方法によって，すなわち，誰が最高得点を与えられたかに注目して，その中心となるもっとも重要な人は誰かによって「愛情のネットワーク」を類型化してみます。

6歳時点の両親の類型を図6-2に示しました。両親ともに配偶者型がもっとも多く，とくに父親では配偶者が中心であると報告した人が8割に達しそうです。これに対して母親では配偶者型は5割程度です。子ども中心の文化をもつといわれることが多い日本の家族ですが，子どもが中心である子ども型は両親とも1, 2割しかいませんでした。

6歳と8歳の2時点での類型が同じであるかをみると，母親では44%，父親では70%が同じ型，すなわち，配偶者型でした。2時点をとおして子ども型であったのは，母親では3人，父親では2人でした。そして，友だち型もわずかで，母親では6歳時点に4人，8歳時点に6人いましたが，父親にはいませんでした。また，子どもの性別によって親の類型の出現率が変わるかを検討してみると，子どもと親が同性の場合には子ども型が増え，両者が異性の場合には配偶者型が増えるという傾向が2時点ともわずかにみられましたが，統計的には有意ではありませんでした。なお，誰に対しても愛情要求の得点が低い一匹狼型は父親では6歳時点で4人，8歳時点で2人いました。そして，母親でも6歳時点で1人みられました。

自由記述にみる類型の差異　ARSの調査時には愛情要求の得点を報告して

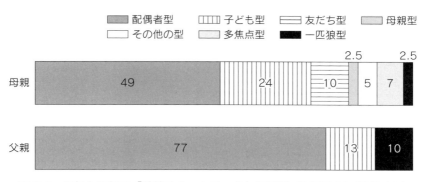

図6-2　母親と父親の「愛情のネットワーク」の類型（6歳時点）（数値は%）

もらうとともに，報告された得点が人間関係を確かに反映しているかをSCT（1章の注1参照）によって調査しました。ここでのSCTでは「私が心のよりどころとしているのは」「私がもっとも頼りにしているのは」「夫（妻）は私にとっては」「子どもは私にとっては」「親友は私にとっては」などの11項目を用意して，これらの文章に続けて自由に書いてもらいました。SCTでの記述をみると，ARSの得点の結果とよく一致する内容であることが確かめられました。6歳時点でのSCTの記述を紹介してみましょう。

　まず，配偶者型の母親も父親も，心のよりどころや頼りにしているのは，配偶者，あるいは，家族であるとし，配偶者については，「尊敬する人」「なくてはならない存在」「かけがえのない人」「人生をともに歩むパートナー」などと回答しました。そして，子どもについては，「大切な存在」「宝物」「社会からの預かりもの」などと書きました。友だちについては，「居てほしい存在」「うれしい存在」などと，やや距離をおいた表現でした。これらのSCTの記述からは，配偶者を中心にし，家族を重視したネットワークであることがわかります。

　これに対して，子ども型の親は，心のよりどころとしては，自分，子ども，実母，配偶者などとさまざまにあげていることが注目されました。そして，「心の奥にあるもの」「未来の希望」というような抽象的な記述もみられました。中心の対象である子どもはまだ幼く，心のよりどころとするのは難しいからだと思われます。配偶者は「子どもをともに育てていく人」「親友みたいな人」「頼りにしている人」などと生活をともにする人であると冷静に表現されました。これに対して，ネットワークの中で最高得点を割り振った子どもには，「一番大事な宝物」「宝物であり天使」「希望と夢」などと特別な人であるという表現がめだちました。そして友だちは「楽しい人」「楽しい時間の共有者」「遠くで見守ってくれる人」という仲間であるというとらえ方でした。このように，ARSの得点で「重要な人」と判定される対象の心理的意味がSCTの記述で確かめられました。なお，SCTの記述の内容には，両親間の差はありませんでした。

　最後に，一匹狼型の親のSCTの記述をみてみましょう。一匹狼型の父親の2人からは回答が得られず，回答があった2人の場合にも無記入の項目がいくつかみられました。報告された一匹狼型の父親の記述では，心のよりどころ，

6章　母親，父親，そして，子どもの「愛情のネットワーク」

頼りにしているのは「仕事」「自分」「自分の力」としていることが注目されました。配偶者は「子育てのパートナー」「人生のパートナー」，そして，子どもは「楽しみ」「やすらぎ」と記述されました。回答の仕方には人間関係への距離をおいた姿勢が反映されているといってよいでしょう。

2. 母親と父親，親と子の「愛情のネットワーク」の関連

母親と父親の「愛情のネットワーク」の関連

　母親と父親の愛情要求の内容は互いに関連しているでしょうか。まず，両親の各対象への得点の関連をみると6歳時点でも，8歳時点でも，相関係数の数値は高くはありませんでした。「愛情のネットワーク」の類型をみると，両親が同じ類型であったのは，6歳時点が49%，8歳時点が41%でした。6歳時点の2組，8歳時点の1組（いずれも子ども型）を除いて，一致した場合はすべて配偶者型でした。不一致の場合には，父親が配偶者型でも，母親は子ども型，友だち型，実母型などの配偶者型ではない別の単一焦点型（誰かひとりへの愛情要求が高く，その人が中心だとみなされる類型），または，多焦点型（複数の人に愛情要求を向けていて，誰が中心かがわからない類型）などであると判定されました。また，2時点とも一貫して配偶者型であったのは親の25%でした。そして，2時点とも子ども型であったのは，1組だけでした。

　つまり，両親の愛情要求は必ずしもパートナーに向けられているとはいえず，また，両親がともに子どもに愛情要求を強く向けることも少ないことがわかりました。

親と子の「愛情のネットワーク」の関連

　「子ども型」の親の子ども　図6-1に示したように，母親と父親の「愛情のネットワーク」の中で，子どもは配偶者と同程度，あるいは配偶者に次いで高得点を与えられていました。しかし，親の「愛情のネットワーク」の中で子どもが最高得点を与えられ中心的な対象であると特定される子ども型は，図6-2に見るように，6歳時点の母親では24%，父親では13%であり，8歳時点でもそれぞれ17%と18%にすぎませんでした。つまり，少なくともこの年齢の子

125

どもは，親にとって重要な人々のひとりではあっても，多くの親にとっては中心になるほどの対象ではないということです。

　では，6歳時と8歳時に親のいずれかが子ども型である場合，子どもはどのような「愛情のネットワーク」をつくっているのでしょう。調べてみると，親が子ども型であると，6歳時点でも8歳時点でも，同時期の子どもの「愛情のネットワーク」は母親型，両親型，きょうだい型などの家族を中心とする家族型であり，8歳時点の1人をのぞいて友だち型（非家族型）ではありませんでした。そして，6歳時点に親が子ども型であると7，8歳時点の子どもは，2例を除いて，家族型でした。このように，親が子ども型であると，子どもは家族型であるという傾向があることがわかりました。

「配偶者型」の親の子ども　では，親が6歳時点と8歳時点に配偶者型である場合には，子どもの類型はどのようなものでしょう。親が配偶者型である場合，それぞれ同時期の子どもは家族型か友だち型かのどちらかでした。つまり，親の気持ちに同調するかのように家族型になる子どもと，親の気持ちが自分には強く向いていないととらえてか，非家族型（友だち型）になる子どもとがあるということでした。

「一匹狼型」の親の子ども　少数ではあるものの人間関係への関心が弱い一匹狼型の親がみられました。6歳時点では4人の父親が一匹狼型だと特定されましたが，彼らの子どもは同時期の6歳時点では友だち型と両親型が各1人ずつと多焦点型が2人でした。そして，8歳時点では2人の一匹狼型の父親が特定されましたが，同時期での子どもは両親型と多焦点型でした。また，6歳時点では母親の1人が一匹狼型でしたが，この事例の子どもの女児は6歳と8歳の両時点で多焦点型でした。

　このように，片親が一匹狼型であっても，子どもが一匹狼傾向を強くもつことはありませんでした。それはおそらく，もう一方の親が，子ども型や配偶者型であることで補っていたのだと思われます。しかし，子どもの類型には多焦点型がめだちました。誰に愛情要求を向けたらよいのかという子どもの迷いが現れたといえるのかもしれません。

「一匹狼型」の子どもの親　6歳時点に一匹狼型と特定された男児が2人いましたが，彼らの両親の「愛情のネットワーク」の資料は残念ながらもらえま

6章　母親，父親，そして，子どもの「愛情のネットワーク」

せんでした。8歳時点の一匹狼型の2人の男児の場合には，1人は両親とも配偶者型であり，もう1人の事例では母親が実母を中心とする母親型であり，父親は配偶者型でした。このように，子どもが一匹狼型である場合，親の類型は少なくとも子ども型ではないことがわかりました。

3. 子どもの「愛情のネットワーク」についての両親の認識

　PARTが測定しているのは，子どもが頭の中にもつ「愛情のネットワーク」でした。頭の中のネットワークで処理した結果を，子どもは対人行動として表現しますが，ネットワークそのものは他人には見えません。子どもの「愛情のネットワーク」の内容を尋ねられたら，親は子どもの日頃の対人行動から子どものネットワークを推しはかるしかありません。では，親はわが子の「愛情のネットワーク」をどのようにとらえていたでしょうか。

5歳時点の子どもの「愛情のネットワーク」についての母親の認識

　子どもが5歳になった時に，母親に子どもの「愛情のネットワーク」がどのようなものであるかを推察して報告してもらいました。5歳頃になると子どもの対人行動も活発になり，多様な人々との交渉が親にも見えているであろうと考えられます。母親に個別に面接をして，幼児用のPARTの図版を見せて，「日頃のお子さんの生活から考えて，それぞれの場面でお子さんが選ぶと思う人はだれかをお答えください」といって，子どもが答えたのと同じやり方で報告してもらいました。その結果，興味深いことがわかりました。

　母親の認識の誤り　15枚のPARTの図版のそれぞれで母親，父親，友だちなどから誰を子どもがあげたと思うかについての母親の予想では，「母親をあげる」とされた回数が多く，平均7.4回でした。これに対して，同時期の子どもが実際に母親をあげたのは平均3.9回でした。母親は，子どもの自分に向ける愛情要求は強いはずだと考えていることがわかりました。

　さらに，母親が5種の心理的機能のどれで求められるかについての母子の回答を比較したものが，図6-3です。子どもの回答には性による差がみられなかったので，図では子ども全体の結果を示しています。図をみると，母親はわ

127

が子が心理的機能2と心理的機能3（表1-2参照）でとくに母親を必要としていると考えていることがわかります。心理的機能2と心理的機能3はともに心を支えるもので、「愛情のネットワーク」の中心となる人にもっとも多く求めるものです。これに対して子どもの回答は、図のようにほかの機能に比べれば心理的機能2と心理的機能3の得点は高くはありますが、母親が考えるほどには高くないことがわかります。

　母と子の類型のずれ　さらに、「愛情のネットワーク」の中で中心となる対象について類型化をして、母子の回答を比較してみると、図6-4のようになりました。母親の報告では52%が母親型、37%が両親型になりました。多焦点型が11%で、父親型と友だち型はいませんでした。これに対して、子ども自身の回答では、母親型は17%、両親型は21%でしかありません。そして、8%の父親型、17%の友だち型が特定され、31%はさまざまな人に愛情要求を分散し、誰が中心かを決め難い多焦点型でした。そして、3人の一匹狼型（5%）が特定されました。しかし、3人の一匹狼型の子どもの母親たちは、2人が子どもは母親型であろうとし、残りの1人は両親型だと予想していました。しかも、この3人の母親はわが子が一匹狼傾向の回答をするとはまったく予想しませんでした。いずれも一匹狼傾向の回答は皆無だったのです。

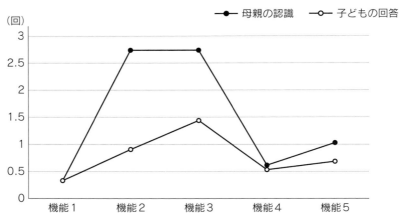

図6-3　母親の心理的機能に関する母親と子どもの回答（5歳時点）

7歳時点での子どもの「愛情のネットワーク」についての両親の認識

子と親が報告した「重要な人々」 5歳時点での母子のずれは大きいものでした。そこで，子どもが7歳になった時点で，今度は両親それぞれの子どもの「愛情のネットワーク」の内容についての認識と子どもの現実とが，どのようにずれているかを確かめてみることにしました。

この調査では，集団式の小学生版 PART の調査票を郵送して，両親にそれぞれ回答してもらうという方法を使いました。集団式の PART は小学生が教室で一斉に回答できるようにしたもので，使う図版の内容も整理の仕方も面接用の小学生版 PART と同じです。

図 6-5 には小学生版 PART の 18 図版（心理的機能 6 の 3 図版を含む）において母親と父親が，わが子が母親，父親，友だちを重要な人としてあげるであろうとした回数と，子ども自身が報告した回数とをグラフにしました。図 6-5 に見るように，両親とも，前述の 5 歳時点での母親と同様に，子どもは母親を重要な人としてもっとも多く選ぶであろうと考えていることがわかりました。ところが，子どもは友だちを重要な人としてもっとも多く回答しました。母親は父親に比べれば，友だちの重要性を認めていました。そして，父親が重要な人となりにくいことは 4，5 章でも明らかになりましたが，ここでも父親が重要だとされる回数は三者の中でもっとも少なく，とくに母親の回答は父親

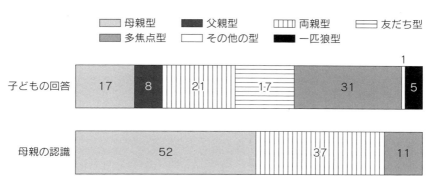

図 6-4 子どもの「愛情のネットワーク」の類型と母親が報告した類型（5歳時点）
（数値は％）

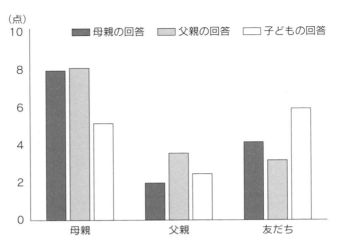

図6-5 親と子が母親，父親，友だちを重要な人とした回数の平均値（7歳時点）

本人の認識よりもさらに少ないことが注目されました。母親の多くは父子が親密ではないとみていることがわかります。

親の認識と子どもの実状とのずれ　母親と父親，子どもの回答をさらにみると，三者とも母親は心理的機能2と心理的機能3でもっとも重要な人だと考えていることもわかりました。5歳時点と同じく，親が子どもは母親を重要だと選ぶであろうと予想する程度は，子ども自身の実際の回答よりも強いものでした。そして，これをグラフに描くと，先の図6-3と似た形になります。

さらに，「愛情のネットワーク」の類型の出現の割合に注目してみたところ，母親の61%，父親の84%が母親と父親を中心としたネットワーク（母親型，父親型，両親型の合計）を予想したのに対して，実際の子どもの回答では，母親型が14%，両親型が26%で，親子の回答は5歳時点よりもさらに大きくずれていることがわかりました。このようにずれを大きくしているのは，親が子どもにとっての友だちの心理的な重要性を明確には認めていないからだといえます。ちなみに，7歳時点では24%の子どもが友だち型であると報告したのに対し，母親は3人，父親は1人が子どもは友だち型であろうと予想しただけでした。

4. まとめ

本章では，子どもが6歳と8歳の時点で両親に自身の「愛情のネットワーク」を報告してもらい，親子のネットワークの関連をみてみました。加えて，両親に子どものネットワークをどのような内容のものであると認識しているかを5歳時点には母親に，7歳時点には両親に報告してもらい，親の認識と子どもが報告するネットワークとのずれを検討しました。注目される結果をまとめてみましょう。

(1) **親と子の「愛情のネットワーク」のずれ**　親の「愛情のネットワーク」での対象別の愛情要求の平均得点をみたところ，母親も父親も配偶者に高い得点を与えていることがわかりました。ことに父親では，妻に存在を支えてほしいと願う配偶者型が7割を超えていました。これに対して母親では，夫に強く愛情要求を向ける配偶者型は5割程度でした。二人がともに配偶者型であったのは約4割でした。2時点とも，母親では友だち型，子ども型，母親（実母）型，多焦点型などで半数を超えていました。また，6歳と8歳の時点において，両親とも平均値でみると子どもに配偶者の次に高い得点を与えていましたが，子どもを中心とする子ども型は1，2割にすぎませんでした。親に子どもの「愛情のネットワーク」がどのような内容であるかについての認識を尋ねると，5歳時点の母親も7歳時点の両親も，子どもはもっとも母親を頼りにし，とくに，心理的機能2と心理的機能3でもっとも母親を求めているであろうとしました。つまり，親は，子どもの「愛情のネットワーク」の中で母親がもっとも重要な人であるという思い込みをしていることがわかりました。子ども自身の報告では，母親よりも友だちがより重要な人であるとされました。親が子どもにとっての友だちの心理的役割を軽視していることがわかりました。

(2) **親子の「愛情のネットワーク」の関連**　親が子ども型であると，子どもは親の思いに応じるかのように家族を重視し，家族がまとまり，非家族（友だち）への関心が弱くなることを示唆する結果でした。そして，親が配偶者型であると，子どもは家族型になるか非家族型になるかに分かれる傾向があることもわかりました。また，親の1人が一匹狼型であることは，子どもへの直接の

影響はなさそうでした。それぞれがネットワークをつくっていることからすれば，ある対象が欠如した部分はほかの対象によって補われているといえましょう。

（3）**一匹狼型についての母親の認識**　本研究が明らかにした一匹狼型の子どもにかかわる問題のひとつは，子どもが一匹狼型であることに母親が気づきにくいということでした。一匹狼型の子どもは，人間関係に強い関心がないために，母親に甘えたりせず，手を煩わせることも少ないために，「手がかからない子」「自立している子」などと認識されることが考えられます。実際，小学5年生の一匹狼型の子どもの母親たちが「多少引っ込み思案なところがあるものの，とくに問題はない子どもだ」と考えて，わが子が一匹狼型であることに気づいていないことが報告されています（井上，2002）。しかし，3，4，5章でみてきたように，一匹狼型の子どもの発達には困難が多いといえました。子どもが一匹狼型であることに，おとなたちがいかに気づくかは，重要な問題だといえましょう。

引用文献

井上まり子（2002）．"ひとりでいい"と答える小学生の人間関係　性格心理学研究，*11*，58-60．

終章

幼児の発達の理解，そして，その先へ

　子どもの養育を「親の自己責任」であるとしている日本の政策，そして，人々の思い込み，これらを再考したいと，社会の中に生まれ育つ幼児の，重要な人々との人間関係，そして，その発達の実態を調べてみました。同じ子どもたちを3.5歳から8歳まで追跡した縦断研究からは，幼児が社会の多様な人々とさまざまなつきあいをし，多くの人々からの影響を自分の必要に応じて受け取り，時には拒否することも明らかになりました。幼児でも，影響を受け取る際に使う自分固有のフィルターを頭の中にもっていて，親だからといってその影響を一方的に受け取るわけではありませんでした。

　3.5歳児といえども，子どもは周囲の人々の自分にとっての価値・意味を見極めているかのように，自分にとっての重要な人々からなる人間関係の集合体をつくっていました。この集合体が，子どもが人からの影響を受け取る際のフィルターの働きをしていると考えられました。本研究では，この子どもが頭の中につくっている人間関係の集合体を「愛情のネットワーク」と名づけました。

　人間関係の測度，PART（1章参照）によって調べると，「愛情のネットワーク」はそれぞれの人が自分にとってどのように大切であるかという，子ども自身の評価にもとづいてつくられていることがわかりました。いつも世話をしてくれている母親でも，「嫌い」とすることもあると，データは示しました。幼児でも，自分の必要に応じて，生活環境や親のケアを吟味して自分の「愛情のネットワーク」をつくり，そして，必要や状況に応じて，「愛情のネットワー

133

ク」の再構成を続けることもわかりました。このようにみてくると，子どもの発達について親が責任を取れる部分は，わずかであると認めるしかありません。子どもが発達の主体だからです。

この終章では，**1. 幼児の人間関係の真実**で，幼児の「愛情のネットワーク」の性質，そして，その形成に何がどのように影響するのか，明らかになった事実をまとめます。次いで，**2. 幼児の発達の重要な性質**では，縦断研究によって得た結果をもとに，子どもとつきあう時に知っておくとよい，子どもの心の性質について確認します。最後に，**3.「親の自己責任説」をどう超えるか**では，子どもの養育についての「親の自己責任説」は何が問題か，これをどう超えるかを考えます。

1. 幼児の人間関係の真実

「愛情のネットワーク」の性質

ネットワーク状態の集合体　幼児は，3.5歳でも，自身の安全・安心を確保するために重要な人々を選んで，人間関係の集合体を頭の中につくっていることがわかりました。この集合体は，それぞれの子どもが重要だと選んだ数人で構成されていました。安全・安心を確実にするために，誰かひとりがすべての心理的支えの役割を果たしてしまうことはまれでした。多くの子どもは，平均すると3〜6種類の複数の人を選び，それぞれに程度を変えて心理的役割を分担させ，ある役割は数人が重複して担うこともあるという，ネットワークのような構造の集合体をつくっていると考えられました。

この集合体がネットワークをなしているのは，生存の安全・安心を確かにするためだと考えられます。ひとりの人に心の支えのすべてを託してしまうとリスクが大きいために，互いに心理的役割を分担できる複数の人を選んで，安全・安心をより確実にしているのです。この集合体の構成・構造は，子どもに特有なものではなく，ヒトという種が生き延びるために進化させてきた性質であり，ヒトがもって生まれているものだと考えられます。調べてみると，生涯にわたって乳幼児から高齢者までが，このような性質をもつ人間関係の集合体をつくっていることがわかりました（高橋，2010）。

終章　幼児の発達の理解，そして，その先へ

　本書では，この集合体を，愛情要求を充たすためのネットワークという意味で，「愛情のネットワーク」と呼ぶことを提案しました。子どもはこの「愛情のネットワーク」を使って，自身の安全・安心を確保します。この「愛情のネットワーク」を具体的にとらえるために，本書では子ども用の測定法としてはPARTを使いました。

　「愛情のネットワーク」の個人差：類型の差　子どもはそれぞれ自分が必要とする他者を選びますので，「愛情のネットワーク」には個人差が生まれます。誰がもっとも中心的な役割を果たす人（焦点）とされているかに注目すると，単一焦点型，二焦点型，多焦点型，そして，一匹狼型の4種の類型が区別されました。

　単一焦点型は，だれかひとりが中心的な役割を果たし，その他の人々には周辺的な役割が割りあてられている「愛情のネットワーク」です。焦点として選ばれた人は，多くの心理的な役割，なかでも，心理的機能2と心理的機能3（表1-2参照）という，安全・安心を支えるうえで中心となる役割を果たすことが期待されています。そして，子どもはこの焦点とした人から多くの支援や影響を受け取っていると考えられます。この焦点が誰かによって，母親型，友だち型，祖父型，いとこ型などに区別できます。これまで，幼児の人間関係では母親がとくに重要だとされてきました。しかし，母親を焦点とする母親型は3.5歳時点で女児に32%，男児に39%みられただけで，以後8歳まで1，2割を占めるのみでした。そして，友だち型も3.5歳からみられ，以後，1，2割を占め，6歳時点までは女児により多くみられました。

　二焦点型は，「ママとパパ」と答えて両親が焦点であると判断された類型です。この両親型は3.5歳から8歳まで2割から4割みられました。そして，多焦点型は数人が補いあうように心理的役割を担っていて，誰が中心であるかが明確ではない類型です。多焦点型は女児に多くみられ，とくに6歳時点では50%に達しました。さまざまな人の心理的機能を吟味していると考えられ，対人行動が活発であることを意味しているのだと思われます。

　一匹狼型は，愛情要求を向ける相手が誰であるかを尋ねる質問に対して，「ひとりがいい」「だれでもいい」「わからない」などと答えて具体的な人物をあげず，このような回答がPART図版の半数を超えた場合に名づけた類型で

135

す。一匹狼型とされた子どもは，心を支える中心的な心理的機能2と心理的機能3についての合計6枚の図版（図版の例は図1-3を参照）でも，全部，あるいは，数枚で，誰であるかを具体的にはあげませんでした。そして，一匹狼型の特徴として注目されたのは，母親との関係が疎であることでした。何らかの理由で母子関係がうまくいかず，しかし，誰が自分にとって有効な愛情要求の対象なのかがうまく見つけられていないことが，一匹狼型の特徴であると考えられます。

「愛情のネットワーク」の個人差：誰が優勢かによる差　幼児の「愛情のネットワーク」の個人差は母親，友だち，一匹狼傾向のいずれがより多く選択されるかでもみることができます。母親を多くあげるのは家族中心のネットワークを意味し，友だちを多くあげるのは非家族中心のネットワークを意味します。そして，一匹狼傾向は，愛情要求を向ける相手を具体的に答えず，人間関係をもちたいという要求そのものが弱いことを示していると考えられます。この一匹狼傾向を判断する「ひとりがいい」「だれでもいい」「わからない」などの回答は，全体で90回（PARTの15図版×6回の測定）の回答のうち，女児では平均2.9回，男児は6.6回みられました。このように，一匹狼傾向の回答は多くはないのですが，男児に多い回答であり，また，子ども本人が生活しにくいと報告していることもあって，注目する必要があると思います。

「愛情のネットワーク」の変動　3.5歳から8歳まで年に一度，計6回の「愛情のネットワーク」の測定をとおして，「愛情のネットワーク」に変化がみられるか，類型に連続性がみられるかを検討しました。すなわち，家族型群（母親型，父親型，両親型，祖父型）と非家族型群（友だち型）の2群に分けて，3.5歳から8歳までの連続性をみることにしました。その結果，一貫して家族型群であった子どもが40%，非家族型群の子どもが9%でした。そして，残りの半数の子どもの「愛情のネットワーク」は，3.5歳から8歳の間に，家族型と非家族型との間を変動していることがわかりました。

「愛情のネットワーク」と幼児の発達

幼児における「愛情のネットワーク」の性質と発達との関連を，主に3章と5章で検討しました。ネットワークの中で母親，友だち，一匹狼傾向のいずれ

が優勢であるかに注目すると，次のような発達上の特徴があることがわかりました。

友だちが優勢な子どもの発達　「愛情のネットワーク」に含まれる重要な人々の中で友だちが優勢な子ども，あるいは，友だち型の子どもは，母親が優勢な子ども，あるいは，母親型の子どもに比べて，社会・情動的発達と認知的発達のいくつかの測定において，3.5歳から8歳時点の成績がより優れていることがわかりました。そして，気質の特徴も，活動水準が高く，集中してものごとに取り組み，順応性が高いなどが，母親の報告からわかりました。

友だち型と母親型の質的な違い　しかし，母親が優勢か，友だちが優勢か，のいずれが発達的により望ましいかという判断は慎重にする必要があることも，データは示しました。それは，8歳時点のQOL得点での両者の違い，すなわち，母親型の子どもはQOLの家族得点がより高く，友だち型の子どもは学校生活得点がより高いことでした。この結果は，両者を優劣ではなく，両者の人間関係についての経験，得ている知識が異なるという質的差異として理解できます。そして，この友だち型と母親型の行動の違い，つまり，それぞれの得意分野，あるいは，得意場面が異なるということは，別の幼児の実験でも，また，青年の調査でも明らかにされたことでした（高橋，2010）。友だち型の子どもと母親型の子どもは，社会とのつきあい方が違うのだと考えることが重要だと思われます。

一匹狼傾向の強い子どもの発達　一匹狼傾向の強い子どもは，3.5歳から8歳まで，パズル課題を除くすべての発達の測定でのパフォーマンスが思わしくなく，加えて，QOLや自己の評価の結果をみると，子ども本人も生活しにくいと感じているようでした。一匹狼傾向は頻繁にはみられませんが，配慮が必要な事例だと考えられます。

「愛情のネットワーク」の形成への親のケアの影響

子どもが愛情要求を向ける相手として母親，友だち，一匹狼傾向のどれをより多く選ぶかについて，環境要因がどのように働くかを4，5章で検討しました。子どもが何かことを起こすと「親の顔が見てみたい」と，親は責任を負わされ，養育態度や養育行動に原因があるとされてきました。しかし，本研究で

みたところ，子どもへの親のケアの影響はわずかなものでした。そして，注目されたのは，親の具体的な養育行動そのものよりも，ケアについて親がもつ感情が，子どもの「愛情のネットワーク」の変容に影響を与えることがあるという結果です。

母親の子どものケアについての感情の影響　子どものケアについての母親のプラスの感情（ケアを肯定する肯定感，子どもを自分の分身だと感じる分身感，父親のケア・家事への参加についての母親の満足感），および，母親のマイナスの感情（ケアを負担に感じる制約感，ケアについての自信の欠如）を，子どもは敏感に受け取っていることがわかりました。ただし，その影響の与え方は複雑でした。

母親のケアについてのプラスの感情は，6歳時点でみられる場合，7，8歳時点の子どもに母親を愛情要求を向ける相手として選択させるように働きましたが，それ以前でみられる場合には，友だちを選択させる傾向を強めました。ケアにプラスの感情をもつ母親は子どもを安心させ，いわば安全地帯として働いて，子どもに母親から離れ友だちを選択する勇気を与えているのだと理解できます。

一方，母親のケアについてのマイナスの感情である制約感は，8歳時点では子どもの母親の選択数を増やし，そして，友だちの選択数を減少させました。母親の否定的な感情が8歳になった子どもをとらえているといえるでしょう。これは，母親が子どもに自分への関心を求めているという意味では，親子の役割が逆転しているとも考えられます。ただし，同じマイナスの感情でも，7歳時点での母親のケアについての自信の欠如は，子どもの友だちの選択数を増やすように働くことがわかりました。

父親のケアとケアについての感情の影響　父親のケアについての感情は，子どもの父親の選択数の増減にはほとんど関係しませんでした。注目されたのは，父親のケアの感情は，子どもの母親や友だちの選択数に関連するという結果でした。父親のケアの肯定感，時には制約感も，母親の選択数を減らすように働き，父親が子どもを自分の分身と感じる分身感は友だちの数を増やす作用をしました。そして，父親の3.5歳時点でのケア・家事への参加の程度は，母親の満足感を高め，5歳までは母親の選択数を増やすように働きました。しか

し、7歳時点の父親のケア・家事への参加が多いと母親の選択数が減るという結果でした。つまり、父親のケアについての感情やケアへの参加の程度は、主には母親から子どもを遠ざけるように働くという、興味深い結果でした。

親のケアについての感情の一匹狼傾向への影響　一匹狼傾向の回答を増やすのは、母親と父親のケアについてのマイナスの感情である制約感であり、逆に、減少させるのは、母親のケアについてのプラスの感情である肯定感と分身感でした。このように、一匹狼傾向は主には母親のケアの感情と関連していることがわかりました。なお、一匹狼傾向がなぜ男児に多くみられるのか、母—息子関係をどう考えるかなどについては、5章の3で述べましたので、ここでは繰り返さないことにします。

親と子の「愛情のネットワーク」の関連

子どもは重要な人として必要であると考えれば、母親か父親か、あるいは両者を選び、自分の「愛情のネットワーク」の中に位置づけます。そして、母親あるいは父親の側も、重要な人々のひとりとして子どもを選べば、各自の「愛情のネットワーク」の中に位置づけることになります。このように、重要な人々のネットワークは互いに関連する可能性があります。

本研究では、子どもが6歳と8歳の時点で、両親から自身の「愛情のネットワーク」の内容をそれぞれ報告してもらうことができました。それによって、両親それぞれの「愛情のネットワーク」の内容を知るとともに、母、父、子のそれぞれのネットワークの関連をみることができました。これについては6章で扱いました。主な結果をまとめると以下のとおりです。

母と父の「愛情のネットワーク」　母と父それぞれが報告した「愛情のネットワーク」は、父親では二度の測定とも7割以上が配偶者型であり、母親ではそれが5割程度でした。両親がともに配偶者型であったのは約4割でした。母親では友だち型、子ども型、実母型、多焦点型などが半数近くを占め、父親との間にずれがみられました。また、子どもを中心とする子ども型の親はわずか1、2割でした。

親と子の「愛情のネットワーク」の関連　親が子どもを中心とする子ども型であると、子どもは6歳でも8歳でも親の思いに応じるかのように家族を重視

し，非家族（友だち）への関心が弱いことをデータは示しました。そして，親が配偶者型である場合には，子どもは家族型か非家族型かに分かれました。また，親のひとりが一匹狼型であっても，子どもへの直接の影響はなさそうでした。多様な人々からなる「愛情のネットワーク」をつくっている子どもは，もしも一匹狼型の親を重要な人として選んでいたとしても，それを補う人も選んでいるからだと考えられます。

親が認識している子どもの「愛情のネットワーク」　両親それぞれに子どもの「愛情のネットワーク」の内容がどのようなものであると認識しているかを尋ねてみました。その結果，二度（子どもの5歳と7歳の時点）の調査で，両親ともに，子どもは母親をもっとも重要な人としているはずだと答えました。この認識は子どもの実状から大きくずれていました。子どもが重視していたのは，母親に限定されません。とくに，子どもには友だちが重要でした。父母が友だちの心理的価値に気づいていなければ，子どもの仲間関係を軽視したり，仲間の影響に気づきにくくなったりなどして，親の子どもの発達の理解をゆがめかねません。

一匹狼型の子どもについての母親の認識　この縦断研究が明らかにした一匹狼型の子どもにかかわる問題のひとつは，子どもが一匹狼型であることに母親が気づかないことでした。たとえば，5歳時点には3人の男児が一匹狼型であると特定されましたが，同時点に母親が推定した子どもの「愛情のネットワーク」は，3人のうち2人は母親型，1人は両親型でした。母親の認識は正確ではないことがわかります。一匹狼型に注目した事例研究は，一匹狼型の子どもを母親は「手がかからない子」「自立している子」などと報告したとしています。すでにみてきたように，一匹狼型の子どもは発達の難しさを抱えていますので，おとなが子どもの状態に気づきにくいという事実は，看過できないといえましょう。

2. 幼児の発達の重要な性質

　幼児が自身の安全・安心を確保しようと自らつくる「愛情のネットワーク」の内容，そして，それをつくる子どもの発達，加えて，両親の子どもへのケア

終章　幼児の発達の理解，そして，その先へ

を含めた生活環境の影響を検討してきました。それにもとづいて，以下のような，子どもの発達の三つの重要な性質を確認しておきましょう。

性質1.　発達の主人公は子どもである

　　自分の「心の枠組み」をつくる　本書で紹介してきた縦断研究は，幼児が自分の言葉で，自分の考えや心の状態が表現できるようになる年齢を考えて，3.5歳から始めることにしました。すでに明らかにしてきたように，3.5歳時点でも，子どもが報告した「愛情のネットワーク」は，それが母親型でも，友だち型でも，また，一匹狼型であったとしても，決して子どもが適当に答えたり，あるいは，一時の思いつきを言ったりしているわけではないといえました。PARTの図版で聞いてみると，子どもはそれぞれの状況で，誰が自分にとって有効かについてしっかり考えて答えていることがうかがわれました。そして，該当する人が思いあたらない時には一匹狼傾向に相当する表現で答えました。それぞれの子どものこれらの回答の内容は，同時点に行った別の調査で答えたものと一致しました。

　　PARTによる調査を8歳まで計6回繰り返したところ，子どもはそれぞれの時点で自分の「愛情のネットワーク」を報告しました。「愛情のネットワーク」は，本人に聞かなければわからない子どもの頭の中の「心の枠組み」であるといえます。

　　自分の「愛情のネットワーク」を使う　母親型と友だち型の子どもでは，それぞれ得意とする対人行動が異なることをQOLの測定結果が示しました。友だち型の子どもは学校生活がよりうまくやれていると報告し，母親型の子どもは家庭生活がより順調だと報告しました。これは，明らかに，子どもが自分の「愛情のネットワーク」を使って対人行動をしていることを示しています。そして，この人々とのやりとりをとおして，「愛情のネットワーク」はさらに変更される可能性もあります。すでに指摘したように，たとえば大きなライフイベント（保育所・幼稚園への入園，きょうだいの誕生，母親の就労，親の離婚など）に遭遇すると，子どもの「愛情のネットワーク」にはそれぞれの変化がみられました。そして，子ども自身の発達が重要な人々の評価を変えることによる変動も考えられます。

141

このように，子どもが主体になってまわりの世界（人々やまわりの出来事）と積極的なやりとりをするという事実については，1920〜30年頃にはすでに，欧米の生物学，心理学，教育学などの当時の気鋭の研究者たちが指摘し，理論化を始めていました。学者間の交流はまだまだ不便な時代でしたが，調べてみると，彼らは学会や会議で同席していたり，おそらく，個別にも出会ったりしていたであろうと思われます。

ピアジェのシェマ　スイスの心理学者ピアジェ（Piaget, J., 1896-1980）はこの発達の主体としての人間についての議論をリードするひとりでした。ピアジェは，3人の幼いわが子の行動観察や子どもや青年の実験にもとづいて，人間は外的世界の事象を認識するための「シェマ（schéma）」をもつとして，発達のダイナミックな仕組みを説明しました。たとえば，幼い子どもはシェマのひとつとして"ものをつかむシェマ"をもっていて，手に触れるものを何でも果敢につかむことで，外界と交流します。手に触れるものを何でもつかんでいると，なかにはつかむと痛い物，つかむと壊れる物，つかむと「ダメ！」と叱られる物などがあることを，知ることになります。このように，シェマを使って外界を探索していると子どもはシェマの修正も迫られます。つかむことで得た知識をシェマに取り込み，うまく外界と交流できるようにシェマを修正することになります。つまり，ピアジェによれば，発達とは子どもがもつシェマを使って外界に働きかけて新しい知識を取り入れ，また，外界からのフィードバックを得てシェマをさらに変容させながら進むダイナミックな過程であるというわけです。

心理学者の波多野完治（1905-2001）はピアジェの仕事の進行に合わせて彼の理論を理解し紹介を続けました。そして，「子どもに教えてはならない。子どもが自分で考え，自分でつくるように助けるべきだ。」というのが，ピアジェの児童観・発達観であると書いています（波多野，1986; p. 180）。子どもが発達の主人公であり，発達の内容や方向を決めるのは子ども自身である，というこの考えは，今では，確かな証拠によっても支持されているといえます。

性質2.　子どもの発達は不連続である

発達には連続性があるか。この問いに答えるために，3章では本研究で実施

した3.5歳〜8歳までの発達についての8種類の測定の間に関連があるかを検討しました。ただし，本研究では，いくつかの測定で女児の成績が男児に比べて優れているという性差があることがわかったため，女児と男児を分けて検討しました。発達の連続性をみようと計算した8種類の測度による計28個の相関係数のうち，女児では4個，男児では1個だけが関連を示す数値でした。したがって，3.5歳から8歳までの発達の測定値でみるかぎり，「発達には連続性がほとんどみられない」という結論になりました。

この結論は，"三つ子の魂百まで"とか，"雀百まで踊り忘れず"などという表現で強調されている社会通念や，ある種の専門家たちが"幼児期決定説"を強固に主張する「発達の連続説」に反するものです。

発達は不連続であるという証拠　「発達は不連続である」という事実は，実際には，ほかの研究の結果でも得られています。その先駆者が世界の発達心理学を牽引してきた米国の心理学者ケーガン（Kagan, K., 1929-2021）です。彼の主張は彼らの縦断研究の結果にもとづくものでした（Kagan, 2003; Kagan & Moss, 1962）。来日したケーガンは，これまでの自分の研究生活で明らかになったのは発達が不連続であることだと，力説しました。

その後の縦断研究の多くも，ケーガンの主張を支持する証拠を出しています。たとえば，乳児の愛着研究で多くの貢献をしてきたミネソタ大学のスルーフ（Sroufe, A.）のグループの縦断研究の報告は，衝撃的な内容でした。彼らの縦断研究は『人間の発達』（*The Development of the Person*）という題の本にまとめられました。それによると，生後12か月と18か月の6か月間でも，38%の乳児が以前とは異なる愛着の類型に分類されました。そして，この乳児たちが19歳になった時点で愛着を測定したところ，スルーフらの表現を借りれば"驚いたことに（quite strikingly）"愛着の安定型に分類された青年は（乳児期には55%であったにもかかわらず）37%でしかなかったということです（Sroufe et al., 2006; p. 207）。彼らの著書は，乳児期と青年期の愛着の測定法についての議論，加えて，子どものもつ特徴と子どもを取り巻く環境の質とで，子どもの発達にともなう変化を説明するという内容になっています。

縦断研究の子どもの現在　2021年9月，私たちのこの縦断研究に参加した子どもたちの現在を知るために，子ども本人と親とに郵送調査への協力をお願

いしました。3.5歳から調査を始めた子どもたちは23〜26歳（平均は24.6歳）になっていました。就職と仕事，大学院生活，そして，結婚・育児などが始まった多忙な時期であるためか，連絡の取れた43組の親子のうち32組（子の性別は女性21人，男性11人）から調査への回答を得るにとどまりました。

　縦断的な調査を終了した小学二年生の秋以降，報告されたライフイベントは子どもと家族が多くの経験をしてきたことを示しました。2021年には，回答者の87%は4年制大学を卒業していました。4人が大学院に在籍し，残りの28人のうち2人を除いて就労していました。幼児期に音楽教室に在籍していた協力者たちですが，4人が音楽関係の仕事についていました。40%の子どもは実家を出て暮らし，母親の33%は「子どもからもう解放された」と感じていて，47%の母親自身は「自分の人生の目標を見つけている」と報告しています。子どもたちが経験したライフイベントとしては，病気（1人），結婚と出産（5人，うち2人は育児中），母親の就労（正規が27%，非正規が43%），父親の大病（1人），母親または父親の逝去（4人）など，さまざまでした。

　協力者たちの現在の「愛情のネットワーク」を，おとな用の測度であるARS（詳しくは1章参照）で測定した結果は，図終-1のようになりました。もっとも多い類型は，恋人あるいは配偶者を重要な他者とするもので，全体の40%を占めました。自身の子どもを単一の焦点とする子ども型，そして，子どもと配偶者を焦点とする二焦点型はそれぞれ1人ずつでした。同性の友人を焦点とする友だち型も20%を占めました。親の死を体験した4人はいずれも恋人／配偶者型でした。

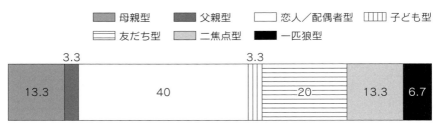

図終-1　調査協力者の「愛情のネットワーク」（23〜26歳時点）
　　　（数値は%）

終章　幼児の発達の理解，そして，その先へ

　調査の終了から 15 年の時を経ていることから，「愛情のネットワーク」の連続性を問題にするのは難しいことですが，三点について検討したところ，連続性は指摘できないことがわかりました。第一に，8 歳までの「愛情のネットワーク」の二つの連続型，すなわち，一貫して家族型か非家族型（本研究では友だち型）かと，現在の 2 群（家族型か友だち型か）との間には関連はありませんでした。第二に，恋人あるいは配偶者を現在もつ人は，8 歳まで非家族型（友だち型）であったかについても，そのような連続性を示す一定の傾向はなく，どの型の子どもでも，恋人をもつ可能性があるといえました。そして，第三に，8 歳までの測定で一度でも一匹狼型と特定された 8 人のうち 4 人がこの 2021 年の調査に回答しましたが，いずれも一匹狼型ではありませんでした。4 人は就職し，同性の友だちをもち，恋人がいると報告しています。2021 年の測定で 2 人が一匹狼型と特定されましたが，1 人（男性）は 8 歳までは一貫して家族型であり，ほかの 1 人（女性）は 5 歳までは家族型（きょうだい型と父親型）で 6 歳以降は友だち型でした。

性質 3.　子どもの発達への親のケアの影響はわずかである

　子どもが「愛情のネットワーク」をつくる際の親のケアの影響は大きくはありませんでした。わずかに，親のケアについての感情の影響がみられましたが，影響の仕方は，子どもの年齢，感情のプラス・マイナス，どちらの親の感情か，相手が親か友だちかなどによって異なりました。親の影響が大きくない理由は，ここまで述べてきたように，第一には，子ども自身が親からの影響を受け取るかどうかを決めていること，そして，第二には，子どもを取り巻く環境には，親を含めてたくさんの人々や情報が存在するためだと考えられます。

　NICHD の縦断研究　同じような結果を報告しているのが，米国の国立の研究所（National Institute of Child Health and Human Development）による縦断研究です。母親とその他の保育者（デイケアなどの保育者やベビーシッター）の間には，子どもの発達への影響に違いがあるかについての縦断研究が，1991 年に開始されました。この研究は全米の 10 か所の研究グループが同じ方法で研究を進行するというユニークなやり方で，合計 1,300 余人の乳児の発達を中学生（9 年生）まで追跡するという大規模なものです。研究から得られた結論

145

は，第一に，子どもは，"家庭でも教育施設でも"，同じように発達することができる，第二に，子どもの発達を決めるのは，子どもが生活する"環境の質"である，というものでした。養育者の質（子どもに愛情をもっているか，子どもの行動や要求によく応答できるか，養育者の数が十分に足りているか，など），そして，物理的環境の質（養育空間に十分な広さがあるか，環境がよく整理され，清潔で安全か，十分な物品が備わっているか，など）についての分析結果が報告されています（NICHD, 2005; 日本子ども学会，2009）。この大規模な縦断研究は，母親か保育者かではなく，家庭か教育施設かではなく，質の良い養育環境をすべての子どもに保証することこそが重要だと指摘しています。

3. 「親の自己責任説」をどう超えるか

　本書の縦断研究は，序章で述べたように，社会・経済的には中間階層の両親がそろった家庭の子どもの発達を追跡したものです。そして結果は，子どもの発達の責任を親に負わせる「親の自己責任説」に異議を唱えるものになりました。幼い時期から社会のメンバーとして生きている子どもの発達の責任は，親だけでは負えないこと，親が負うのは無理であることが明らかになりました。

　しかし，本研究のような「経済的に困ってはいない」と報告している（序章参照）階層の親子を協力者とした縦断研究では扱えなかった問題があります。それは，子育てについてのもうひとつの「親の自己責任説」の問題，「親の経済的自己責任説」です。日本社会の親の自己責任説では，子どもが生き，成長するために必要な経済的な責任をも，親に引き受けさせているという誤りを問題にしておく必要があると考えます。

　「親の経済的自己責任説」の誤り　日本では，子どもの発達を左右する経済的な責任をも親に負わせています。少子化に危機感をもつようになった政府は，若い人の誰もが結婚し子どもをたくさん産むようにと，その場しのぎとしか思えない政策を打ち出しています。婚活を促し，不妊治療に助成金を出し，児童手当を出し……，まるで綻びを繕うかのようなばらばらな支援をし，しかも，ほかの先進国に比べると，子どもの成長や教育にわずかな予算しか割りあ

終章　幼児の発達の理解，そして，その先へ

ていません。たとえば OECD（経済協力開発機構）の年次報告によると，日本の幼児教育から高等教育までにかける公的支出が全財政支出に占める割合は 7.8%，対 GDP 比は 3.0% で，いずれも OECD に加盟している 38 か国の平均（それぞれ，10.6% と 4.4%）を大きく下回っています（OECD, 2022）。

　国民の，とくに，若い人たちの切実な状況が正確に把握されていないといえましょう。若い人にとっては今や結婚や出産は人生で必ず通るべき道ではなくなっていること（NHK 放送文化研究所，2020），非正規労働者（アルバイト，パート，契約社員，派遣社員など）の比率は男性が 22.1% であるのに対して女性は 54.4%（総務省統計局，2023）と高く，生活そのものが困窮している人が多いこと，そして何よりも，人々が「希望を持てる社会ではない」と感じていること（NHK 放送文化研究所，2020）など，問題は深刻です。思いつきでわずかな手当を小出しにするという方策では，少子化の解消どころか，国民の生活そのものが立ち行かなくなっているといえましょう。

　最新の日本の相対的貧困率[注1]は 11.5% であり，OECD 加盟国のうちデータがある 37 か国中 19 番目に高いのです。子どもの相対的貧困率も高く，日本では 9 人にひとりの子どもが貧困状態におかれています。貧困はとりわけ子どもにとって深刻な問題になっています（阿部・鈴木，2018）。

　2023 年 8 月初め，“学校の給食がない夏休み”を子どもが無事に乗り切れているかを案じて実施された，ひとり親家庭の緊急調査（調査協力者は約 700 人のひとり親）では，非正規の仕事に就いて，子どもを育てているひとり親家庭の状況が報告されています。それによると，調査の前月の収入は平均 12.4 万円であり，「（調査の前日に）1 日三回食事ができた子ども」は 55% にすぎず，二食が 40%，3.6% の子どもは一食のみだったということです。調査の前月に米が買えなかった家庭が 44% にも及んでいます。そして，酷暑の夏には冷房を使ってほしいと気象庁が熱中症対策を出しても「電気代を考えて冷房をなるべく使わないようにしている」家庭が 82% に達し，「毎日シャワーや風呂を使う」子どもは 65% しかいません（赤石，2023）。「親の経済的自己責任説」をとって困窮家庭にわずかな“手当”を出すだけの政治では，すべての子どもにあたりまえの生活環境を与えられないことがわかります。「親の経済的自己責任説」も明らかに誤りです。抜本的な考え方の見直しが迫られています。

「親の自己責任説」を超えるための思想

「あなたの子は，あなたの子ではない」 レバノンの詩人で哲学者のジブラン（Gibran, 1923 佐久間訳 1990）は子どもについて，次のような散文詩を残しています。

あなたの子は，あなたの子ではありません。
自らを保つこと，それが生命の願望。そこから生まれた息子や娘，それが
　あなたの子なのです。
あなたを通ってやってきますが，あなたからではなく，あなたと一緒にいますが
　それでいてあなたのものではないのです。
子どもに愛を注ぐがよい。でも考えは別です。
子どもには子どもの考えがあるからです。
あなたの家に子どもの体を住まわせるがよい。でも，その魂は別です。子どもの
　魂は明日の家に住んでいて，あなたは夢の中にでも，そこには立ち入れないの
　です。

ジブラン『預言者』（Gibran, 1923 佐久間訳 1990 p. 25）

この「あなたの子は，あなたの子ではない」という理念を政策で実現できている国があることを，デンマークで出産した宮下夫妻が著書で報告しています。出産後，宮下夫妻は「あなたの子は，あなたの子ではない」と表紙に大きく書かれたパンフレットを受け取って「そんな，バカな！」と衝撃を受けたと自著に書いています。政府からのメッセージは，さらに続けて，「あなたたちの子どもには自由と人権があり，両親だけの所有物ではない。子どもは国の将来。」さらに，「デンマークは福祉国家で，全国民に一貫した福祉制度を確立しています。制度をしっかり把握し，一人で悩まずに，自分の権利を主張してください。」とあったそうです（宮下・宮下，2005, pp. 101-103）。デンマークの福祉政策は，誕生から高齢期までの生涯にわたっていることが，宮下夫妻の著書では明らかにされています。国民の誰もが普通の生活をするためには，政策全体を考え直す必要があることがわかります。

「高福祉」であるが国民には「高負担」があるといわれるデンマークです

が，国民の幸福度が世界第二位であるこの国の政策から，学ぶ点は多いにちがいありません。国民の幸福度とは，国連の下部機関が，国民の主観的な幸福度の調査結果に各国民のQOL，健康と寿命，社会の自由度，寛容さ，腐敗度，国民一人あたりの国内総生産（GDP）の六点を加えて毎年評価しているものです。2023年のレポートでは，日本の幸福度は137か国中47位で，G7の国のなかで最下位でした（Sustainable Development Solutions Network, 2023）。これは深刻な状態だといえましょう。

「親の自己責任説」を超える決意を　私たちが国に，そして，社会の仲間に求めているのは，「家族の日」や「家族の週間」を設定したり，家族中心の思想を強化したりすること（平井ほか，2023; 本田・伊藤，2017）ではありません。子どもの発達についての政策は「親の自己責任説」の再検討から始めるべきでしょう。「親の自己責任説」をとっていては，すべての子どもの発達を十分に理解することも実現することもできません。

　本書でみてきたように，子どもは3.5歳ですでに立派な社会人です。社会の中に生まれるヒトという種は，誕生時から社会人なのです。ヒトは社会をつくって助け合って，生き延びてきたからです。したがって，子どもの十分な発達を実現するには，子どもが暮らす社会そのものの質を良くすることこそが肝心です。どの子どもにも，例外なく，人的，物質的な資源が十分に与えられなければなりません。これは，子どもの生活を親や家庭に任せるという「親の自己責任説」では不可能です。

　「親の自己責任説」を捨てることは，親，保育者，そして，子どもの行政に携わるすべての人々，そして，何よりも国につきつけられている，子どもたちからの待ったなしの要請だといえましょう。「親の自己責任説」を超えるには，ジブランの「あなたの子は，あなたの子ではない」という思い切った発想が，政治にも私たち市民にも有効ではないかと考えます。

注1）　相対的貧困とは，同じ国・地域の人と比べて，つまり相対的にみて，貧しい状態のことをいう。相対的貧困とは手取り収入などを世帯人数で調整した等価可処分所得の中央値の50%（これを貧困線と呼ぶ）に満たない状態のことをいう。2022年の日本の貧困線はひとり世帯では127万円で，年収がこれ以下の場

合である。11.5% が本書の執筆中に公表された最新の貧困率である。すなわち，これは 2023 年 7 月 4 日に「2022 年国民生活基礎調査」（厚生労働省）によって公表されたものである。

引用文献

阿部 彩・鈴木大介（2018）．貧困を救えない国日本　PHP 新書

赤石千衣子（2023）．2023 年夏ひとり親家庭生活調査　しんぐるまざーず・ふぉーらむ　https://www.youtube.com/watch?v=h4VSbGCpLMc

Gibran, K. (1923). The prophet. 佐久間 彪（訳）（1990）．預言者　至光社

波多野完治（1986）．ピアジェ入門　国土社

平井美佳・神前裕子・高橋惠子（2023）．高等学校「家庭基礎」の教科書における「家族」——家庭科における家族の再生産機能の強調　家族心理学研究, *36*, 126-141.

本田由紀・伊藤公雄（編著）（2017）．国家がなぜ教育に干渉するのか——法案・政策の背後にあるもの　青弓社

Kagan, J. (2003). Biology, context, and developmental inquiry. *Annual Review of Psychology, 54,* 1-23.

Kagan, J., & Moss, H. A. (1962). *Birth to maturity: A study in psychological development.* Wiley.

宮下孝美・宮下智美（2005）．あなたの子どもは，あなたの子どもではない——デンマークの 30 年，仕事・結婚・子育て・老後　萌文堂

NHK 放送文化研究所（2020）．現代日本人の意識構造　第九版　NHK ブックス

NICHD Early Child Care Research Network. (Ed.) (2005). *Child care and child development: Results from the NICHD study of early child care and youth development.* Guilford Press.

日本子ども学会（編）（2009）．菅原ますみ・松本聡子（訳）保育の質と子どもの発達——アメリカ国立小児保健・人間発達研究所の長期追跡研究から　赤ちゃんとママ社

OECD（2022）．Education at a glance 2022.

総務省統計局（2023）．労働力調査

Sroufe, L. A., Egeland, B., Carlson, E. A., & Collins, W. A. (2006). *The development of the person: The Minnesota study of risk and adaptation from birth to adulthood.* Guilford Press.

Sustainable Development Solutions Network. (2023). World Happiness Report 2023.

高橋惠子（2010）．人間関係の心理学——愛情のネットワークの生涯発達　東京大学出版会

おわりに

　この縦断研究は多くの人々の理解，支援，協力によって実現できたものです。最大の感謝の気持ちを，足掛け6年にわたる縦断研究に参加してくださった子どもたちとご両親に伝えたいと思います。長い期間にわたってご協力いただき真にありがとうございました。そして，この研究の目的を理解し実施をサポートし，時には協力者の背をそっと押してくださった一音会ミュージックスクールの江口壽子代表にも心からお礼を申し上げます。本書を，この研究に協力してくださった子どもたちとご両親，そして，今は亡き江口代表に捧げたいと思います。

　調査の実施にあたっては，一音会ミュージックスクールのスタッフのみなさん，なかでも鈴木ますみさんには細やかなお心遣いをいただきました。また，調査の実施では，聖心女子大学で心理学を専攻する大学院生と卒業生に助けていただきました。まず，初期の研究に参加された井上まり子さん，調査の実施を頻繁に助けてくださったみなさん，五十音順に，油木絵里さん，飯島さやかさん，江上茅里さん，織田弥生さん，片桐あすかさん，久野裕美子さん，神前裕子さん，小林あきのさん，白井彩子さん，東山薫さん，所真紀子さん，長谷川麻衣さん，福井里美さん，舟山ちほさん，望月まりさん，そして，調査の整理に協力してくださった久保田桂子さんと土川博子さん，ありがとうございました。

　本研究の内容については，柏木惠子先生（東京女子大学名誉教授）が共同研究者のみなさんと深められた母親や夫婦関係についての，また，母子の縦断研究の成果から，多くのヒントをいただきました。また，多岐にわたる膨大な縦断的データの統計的処理については，南風原朝和先生（東京大学名誉教授）にご指導をいただきました。お二人のエキスパートに厚くお礼を申し上げます。そして，この縦断研究の経済的な支援を，科学研究費補助金に加えて，一般財団法人・日本児童教育振興財団と日本児童研究所からいただきました。記して感謝いたします。

　本書の執筆にあたっては，実証データに確かにもとづくことを心掛けなが

ら，何がわかったかについて，著者の三人が協力してデータにあたり，計算し，議論を重ねて，成果をわかりやすく伝えるように努力しました。そして，縦断研究であり多種多様なデータにもとづいている本書が，わかりやすくなるようにと，有効なご助言をくださったのは，金子書房・編集部の渡部淳子さんです。もう一人のエキスパートの的確な仕事に，たくさん助けていただきました。ありがとうございました。

　　2024 年，猛暑の夏の日に

高橋惠子

柴田玲子

山川賀世子

索　引

あ

愛情行動の受容　83，86
愛情の関係尺度　24
愛情のネットワーク　20，26，37，
　119，120，133
　——と幼児の発達　136
　——についての親の認識　129
　——についての母親の認識　127
　——の個人差　97，135，136
　——の性質　23，134
　——の測定　24
　——の内容　103
　——の変動　136
　——の類型　27，43
　——の類型の出現率　45
　——の6年間の軌跡　47
　——を使う　141
愛情要求　24，25，120，121
　——の対象の選択　104
愛情を求める行動　83
愛着　3，62，71
　——の安定型　62
　——の測定　59
　——の類型　101
愛着研究　143
安定した愛着　60
アントヌッチ　18

い

一匹狼型　29，33，43，44，49，
　50，112，114，124，126，128，

132，135，140，145
　——の子どもについての母親の認識
　140
　——の男児　115
一匹狼傾向　97-99，110，113，
　114，117
　——の強い子ども　103，137
　——の強い子どもの母子交渉
　112

え・お

絵本の共同読み　86
お母さん子　37，41，97，115
お父さん子　3
男の子　112
　——を育てるのは難しい　82
おばあちゃん子　3
親が認識している子どもの「愛情の
　ネットワーク」　140
親と子の「愛情のネットワーク」の関
　連　125，139
親の影響　145
親の顔が見てみたい　137
親のケア　79
　——の影響　138
　——の質　92
　——の類似性　94
　——の連続・不連続　93
親の経済的自己責任説　146
親の自己責任　133
親の自己責任説　1，134，146，149
　——を超える　148

153

か・き

絵画愛情の関係検査　30
回顧的な報告　59
柏木惠子　81, 88
家族型群　49
家族のなかでの親の個人化志向　88
環境の質　146
環境の生態学　4
環境要因　2
気質　54, 68, 102
きょうだいがいること　104

け

ケアについての親の感情　80, 107
ケアについての自信の欠如　82
ケアの感情　82
ケーガン　143
言語発達　54, 66, 101

こ

恋人／配偶者型　144
幸福度　149
心の枠組み　22, 141
個人化志向　93
　——の尺度　88
個人差　97
子ども型　123-125, 124, 139, 144
こども家庭庁　1
こども基本法　1
子ども仲間との接触経験　104
子どもの「愛情のネットワーク」　41
　——の測定　29
子どものQOL　55
子どもの仲間関係　140

子どもの発達　69
　——への親のケアの影響　145

し・す

シェマ　142
自己　57
　——についての評価　57
　——の評価　100
　——の評価の測定　57
自尊感情　56
質の良い養育環境　146
ジブラン　148
自分についての知識　57
社会階層　8
縦断研究　2, 6, 10, 143
小学生版PART　129
ジョージ　60
進化　16, 134
心身の健康　91
心理的機能　21, 25, 30, 32, 39,
　40, 84, 120
スルーフ　143

せ・そ

生活環境　5, 75, 77, 104
生活の質　55, 91, 100
成人用のQOL尺度　91
生物学的性質　16
生物・生態学的モデル　4
性別　94, 123
相対的貧困　149
相対的貧困率　147

た

対象の選択の連続・不連続　47

索　引

対人行動のトラブル　17
多焦点型　43，128，135
単一焦点型　135
男児　86，114
　　——の発達　115
男性らしさ　114

ち

父親型　44，130
父親のケア・家事（への）参加
　88，110
父親のケア（について）の感情
　109，138
父親の個人化志向　90，112
チョドロウ　114

と

友だち　76，98，129
　　——の選択数　117
友だち型　33，43，44，46，102，
　109，130，135，137，139
ドールプレイによる愛着の測定法
　60，71

に

二者関係　3
二焦点型　135
人間関係　2，15，18，32，38，53，
　115，122
　　——の集合体　133，134
　　——への関心　122
認知的発達　63

は

配偶者型　123，124-126，139，140
パズル課題　67
波多野完治　142
発達　6
　　——の主人公　141
　　——の測定法　53
　　——の連続・不連続　69
　　——は不連続（である）　142，
　143
母親　98
　　——が報告した子どもの QOL
　91
　　——のケアの行動　111
　　——の個人化志向　90，112
　　——の子どものケアについての感情
　138
　　——の識別　59，59，100
　　——の選択数　116
　　——への愛着　59
母親型　33，42，44，46，102，
　109，128，130，135，137
母親と父親の「愛情のネットワーク」
　の関連　125
母と子の認識のずれ　127
母と子の類型のずれ　128
母—息子関係　92
母—娘関係　115

ひ・ふ

ピアジェ　142
非家族型群　49
非言語発達　54，66，101
非正規労働者　147
人とつながる理由　15
人と人がつながる仕組み　37

155

ひとり親家庭　147
ピーボディ絵画語彙検査　66
表象　17
物理的環境の質　146
ブロンフェンブレナー　4, 13
文章完成法　28, 34

ほ

母子関係　1, 2, 17, 113
母子交渉　111
母子の共同読書　64, 101
母子の相互交渉　65

ま－め

「ママは嫌い」という子ども　47
三つ子の魂百まで　143
三つの円による測定　18
三つの円の図版　21, 22
無秩序型　62
目黒依子　88, 90

よ

養育者の質　146
幼児期決定説　70, 143
幼児の心の発達　53
幼児の生活環境　92

幼児の人間関係の真実　134
幼児の発達の重要な性質　140

ら－る

ライフイベント　77, 105, 107, 144
両親型　128, 130
類型化　28, 33, 41
類型による行動の差異　46
類型の連続と変動　48

A－S

ARS　24, 25, 120
NICHD の縦断研究　145
PART　10, 30, 38, 120
　　──と ARS の共通点　32
　　──の図版　30, 31, 35, 39
PART-SC（小学生版）　30
PART-YC（幼児版）　30
PPVT　66
QOL　55, 58, 71, 91, 100
QOL 尺度の小学生版　55
Quality of Life　55
schéma　142
SCT　28, 34, 46, 124
Sentence Completion Test　34

高橋惠子（たかはし けいこ）

東京大学大学院教育学研究科修了（1968 年），教育学博士（1972 年）。

国立音楽大学，創価大学，聖心女子大学を経て，聖心女子大学名誉教授。

著書に『子育ての知恵』，『生涯発達の心理学』（共著）（以上，岩波新書），『自立への旅立ち』（岩波書店），『第二の人生の心理学』，『縦断研究の挑戦』（共編著）（以上，金子書房），『絆の構造』（講談社現代新書），『人間関係の心理学』（東京大学出版会）などがある。

柴田玲子（しばた れいこ）

聖心女子大学大学院文学研究科修了（2006 年），博士（心理学，2007 年）。

臨床心理士・公認心理師。聖心女子大学准教授として QOL 研究，心理士の育成に従事し，昭和大学病院小児科などで臨床活動もしてきた。（株）前田計画研究所・MaeKen カウンセリングセンター（https://www.maekencchp.com/）代表。

著書に『小学 2 年生の適応と規定要因に関する縦断研究』（風間書房），『子どもの QOL 尺度——その理解と活用』（共著，診断と治療社）などがある。

山川賀世子（やまかわ かよこ）

聖心女子大学大学院文学研究科修了（2007 年），博士（心理学，2008 年）。

臨床心理士・公認心理師。富山短期大学を経て，金沢星稜大学准教授。教員・保育者の養成，放課後児童支援員養成にかかわり，保育所・学童保育での保育相談や育児相談，園内研修なども行っている。

論文に「幼児・児童期の愛着」（『児童心理学の進歩』第 49 巻所収），「幼児の愛着の測定—— Attachment Doll Play の妥当性の検討」（『教育心理学研究』第 54 巻所収）などがある。

育つ幼児たち── 子と親の関係を見直す
2024 年 12 月 20 日　初版第 1 刷発行　　検印省略

著　者　　　高橋惠子
　　　　　　柴田玲子
　　　　　　山川賀世子
発行者　　　金子紀子
発行所　㈱ 金子書房
　　　　　　〒112-0012 東京都文京区大塚 3-3-7
　　　　　　TEL 03-3941-0111〔代〕／ FAX 03-3941-0163
　　　　　　振替 00180-9-103376
　　　　　　URL　https://www.kanekoshobo.co.jp
印刷／藤原印刷株式会社
製本／有限会社井上製本所

Ⓒ Takahashi, K., Shibata, R., & Yamakawa, K., 2024
ISBN978-4-7608-2697-1　C3011　Printed in Japan

● 金子書房＊おすすめの図書 ●

共有する子育て　沖縄多良間島のアロマザリングに学ぶ

根ケ山光一　外山紀子　宮内 洋 編著
定価 2,750 円（税込）

多良間島に伝承されてきた「守姉」という子育ての風習についての詳細な調査と研究から，母親だけにまかせない「子育てネットワーク」のあり方を学ぶ。

動機づけ研究の理論と応用　個を活かしながら社会とつながる

櫻井茂男 著
定価 2,750 円（税込）

どのような動機から学習や仕事に取り組んだときに思い切り力を発揮してよい成績が収められるのか。途中であきらめずに継続するためのエネルギーとは。

グループディスカッション　心理学から考える活性化の方法

西口利文　植村善太郎　伊藤崇達 著
定価 2,640 円（税込）

グループ学習等の学習場面，会議・打ち合わせなどのビジネス場面，そして日常的な家族での話し合いまで，本当に求めている結論にたどりつけるためのプロセスとは。

学習意欲の理論
動機づけの教育心理学

鹿毛雅治 著
定価 6,160 円（税込）

心理学における構成概念を見つめ直す
歴史・哲学・実践の次元から

キャスリーン・スレイニー 著
仲嶺 真 訳
定価 4,950 円（税込）

（定価表示は 2024 年 12 月現在）